U0500853

上海票据交易所
SHANGHAI COMMERCIAL PAPER EXCHANGE CORPORATION LTD

2024

中国票据市场发展报告

上海票据交易所《中国票据市场发展报告》编写组

中国金融出版社

责任编辑：黄海清　丁　芊
责任校对：李俊英
责任印制：丁淮宾

图书在版编目（CIP）数据

2024中国票据市场发展报告/上海票据交易所《中国票据
市场发展报告》编写组编. --北京：中国金融出版社，2025.6
--ISBN 978-7-5220-2813-2

Ⅰ.F832.5

中国国家版本馆CIP数据核字第20253SD550号

2024中国票据市场发展报告

2024 ZHONGGUO PIAOJU SHICHANG FAZHAN BAOGAO

出版
　　　中国金融出版社
发行

社址　北京市丰台区益泽路2号

市场开发部　（010）66024766，63805472，63439533（传真）

网 上 书 店　www.cfph.cn

　　　　　　（010）66024766，63372837（传真）

读者服务部　（010）66070833，62568380

邮编　100071

经销　新华书店

印刷　涿州市般润文化传播有限公司

尺寸　210毫米×285毫米

印张　15.25

字数　246千

版次　2025年6月第1版

印次　2025年6月第1次印刷

定价　120.00元

ISBN　978-7-5220-2813-2

如出现印装错误本社负责调换　联系电话（010）63263947

本书编委会

主　　编：张翠微

副 主 编：时文朝　沈　伟　李中红　孔　燕　余　辉

编　　委：董继松　陈卫东　钱　江　朱　阳　李　唯　侯　林
　　　　　李　敏　钟　华　马大军　陆　川　赵　琳　周　宏
　　　　　陈　芳　叶璟毅　于志强　石晓蕾　刘召忠　骆桃云
　　　　　王　彬　胡　丹　朱赟婧　任　涛　李　圓　王朝阳
　　　　　汤莹玮　李　麟　倪宏侃　张艳宁　王绍兴　王凌飞
　　　　　刘助振

统　　稿：吴小蒙　姚　望　李智康

编写人员：（以姓氏笔画排序）
　　　　　丁梦昀　于　磊　马鑫悦　王　亮　王　晖　王学梅
　　　　　王思明　王勇超　方雄平　尹　欢　邓　浩　石　宁
　　　　　卢守迪　卢嘉成　田　京　丛龙娇　吕子哲　朱　茜
　　　　　朱彦霏　朱瑞梅　乔　木　刘　龙　刘文军　闫　东
　　　　　孙浩钧　孙馨瑶　李　玮　李　青　李艺玮　李心宇
　　　　　李忠仁　李欣芮　李柏润　李骁勇　李海滔　李海滨
　　　　　李紫薇　李智康　李楚杭　杨　扬　杨　帆　杨　阳
　　　　　杨天然　杨旭丽　吴怡凝　吴梦露　吴舒怡　闵海丽
　　　　　汪小政　汪郅嘉　沈　洋　张　洁　张　娟　张　斌
　　　　　张婕珂　张蓓乐　陈　伟　陈　滟　苗　伟　林　琳
　　　　　林　蓓　林元吉　易　灏　金　旋　庞俊昊　宗泽楠
　　　　　官华丽　胡伟靖　皇甫嘉麟　俞　乾　姜贝贝　洪　荣
　　　　　贺　伟　徐安琪　高丽丽　凌　典　郭宏坚　唐　磊
　　　　　谈　韵　黄　文　黄　珊　黄　燕　曹圣希　龚　倩
　　　　　崔文琪　章日纬　梁　尉　董　铭　蒋荣芳　蒋婷婷
　　　　　韩　松　童相新　曾　佳　曾颖婷　谢冰然　詹佳燃
　　　　　熊小云　戴　林　戴明皓

PREFACE | 序

2024年，在党中央、国务院坚强领导下，在人民银行统筹部署下，票据市场坚持以服务实体经济为根本宗旨，以深化改革创新为内生动力，以防范金融风险为发展底线，凝心聚力、攻坚克难，交出了一份"量质双升、稳创并举"的答卷。这份答卷，凝聚着全体市场同仁的智慧与汗水，承载着服务国家战略的使命与担当，更彰显了金融血脉滋养经济肌体的磅礴力量。

一、坚守初心，服务实体经济发展大局

一是票据市场服务能级进一步提升。2024年票据市场运行总体平稳，各项业务同比增长，服务范围进一步扩大。全年票据市场业务总量突破240万亿元，同比增长8.5%；年末承兑余额19.8万亿元，贴现余额14.8万亿元，分别较上年末增长6.5%和11.7%。全市场用票企业352.1万家，企业用票金额138.6万亿元，这两项历史新高反映了票据服务向企业端拓展和下沉的趋势，也让票据在畅通经济循环中发挥了更为有效的作用。

二是降本增效成果惠及市场主体。全年贴现加权平均利率降至1.51%，较贷款市

场报价利率（LPR）均值低183个基点，预估为企业节约融资成本超过2500亿元。这组数字背后，是票据市场"让利不让风险、降费不降服务"的担当作为，是108.1万亿元承兑、背书金额对产业链、供应链平稳运转的有力支持，也是30.5万亿元低成本贴现资金直达实体企业的金融"活水"。

三是精准滴灌重点领域成效显著。在科技金融领域，票据以其信用叠加、凭证法偿、流动性好、融资便利等特点，为"三高一轻"的科创企业精准"开方"，高效赋能新质生产力发展。全年科技服务业用票金额突破14.8万亿元，同比激增142.7%。在绿色金融领域，构建完善绿色票据服务体系，助力解决绿色企业融资难题。在普惠金融领域，依托"流程线上化+利率市场化+服务定制化"实践，进一步提升票据与中小微企业的融合度，全年中小微企业用票家数、金额分别达到345.9万家和108.2万亿元，全市场占比分别为98.2%和78.1%。总体上看，服务做好金融"五篇大文章"的效果正在票据市场逐步显现。

二、深化改革，创新构建高效优质服务体系

票据市场坚持系统集成与重点突破的改革方法论，在基础性、关键性领域实现改革发展。

一是业务系统迭代升级筑牢创新发展根基。中国票据业务系统圆满完成全面融合，对多项业务功能优化升级，首次实现全年不间断运行。这不仅是技术层面的突破，更是服务理念的升华——通过构建"统一标准、统一接口、统一风控"的系统，市场参与者可开展纸电票据全生命周期业务，实现票据"找零支付"功能，并强化风控管理。新系统的全面运用为票据市场高质量发展奠定了扎实的基础。

二是产品创新矩阵初成激发市场活力。供应链票据业务新增业务规模同比增长95%，供应链票据资产证券化试点成功"破冰"，标志着"供应链+票据"的产融结合模式逐步走向成熟。"贴现通"累计服务企业突破3万家，促成贴现业务6654.3亿元；"票付通"接入开户银行182家、签约企业7279户，累计完成票据支付超过千亿元；"集票宝""票信宝"产品用户稳步增加，通过数据赋能支持集团企业和市场机构高效开展和管理票据业务。此外，各市场主体还积极探索票据在支持养老、数字

等领域的"新赛道"，以线上化、智能化、全天候和流程优化等方式为企业提供更优质高效的票据服务。

三是参与者框架重构优化服务生态。参与者管理办法正式发布，重构了参与者管理服务总体框架，建立了三方常态化服务沟通机制，有效提升服务响应速度。全年开展"票据云学堂"等线上线下培训宣讲30次，覆盖直接和间接参与者从业人员超过1.63万人次，全年处理场务电话超过19万通，问题当日解决率超过98%。广大直接参与者通过优化提升业务流程、创新票据知识宣传形式、建立健全客户回访机制等，为用票企业提供全生命周期的优质票据服务，让"金融为民"的承诺转化为实实在在的获得感。

三、筑牢防线，护航票据市场行稳致远

始终秉持"守正创新、稳字当头"的发展理念，筑牢票据市场风险防线。

一方面，票据市场风险防控体系进一步夯实。持续坚守底线思维，维护票据市场健康有序发展。一是不断应用和丰富金融科技手段，提升风险监测预警水平，深化风险防控体系建设，为市场稳健运行筑起"科技长城"。二是持续开展对重点行业、重点金融机构和企业集团的风险监测与预警，及时识别潜在的风险隐患。三是协同治理提升防控效能，通过深化司法联动和对接协同，营造安全稳定的市场环境。

另一方面，票据市场信用体系建设进一步完善。票据信息披露业务稳步推进，信用环境不断改善。一是宣传推广不断加强，面向金融机构、企业等开展信息披露培训宣讲11次。二是信息披露业务流程进一步优化，运营管理标准化水平不断提高，方便企业与机构查询和申请。三是信息披露平台功能持续完善，优化金融机构公告发布，用户体验进一步提升。截至2024年末，信息披露平台累计注册用户约10万家，承兑信息和信用信息披露率均达98%以上，票据市场信息透明度不断提升，信用环境持续改善。

回顾2024年，票据市场各类参与者积极作为，为实体经济高质量发展持续注入票据动能，不断提升企业用票体验，持续改善票据市场信用生态，着力做好金融

"五篇大文章"，践行金融工作的政治性、人民性。为全面反映这一年票据市场运行情况，及时总结票据市场改革发展成效，上海票据交易所组织市场机构广泛参与，各位业界专家群策群力，共同编写出版《2024中国票据市场发展报告》。值此报告付梓之际，我谨代表上海票据交易所，向关心支持票据市场发展的各位领导、专家和各界朋友致以诚挚谢意，向奋战在市场一线的全体同仁致以崇高敬意！

展望前路，票据市场既面临经济转型升级的机遇与挑战，也肩负防范化解风险的时代重任。让我们继续以习近平新时代中国特色社会主义思想为指导，以"闯"开路、以"创"赋能、以"干"筑基、以"稳"护航，共同谱写中国票据市场高质量发展新篇章！

上海票据交易所党委书记、董事长

CONTENTS | 目录

第一部分 票据市场总体运行情况 1

票据市场运行情况分析 3

票据承兑和到期情况分析 18

票据贴现和托管情况分析 23

票据交易情况分析 30

票据清算结算情况分析 38

票据市场参与者情况分析 41

第二部分 票据市场基础设施建设 47

中国票据业务系统功能持续优化 顺利承载全市场纸电票据业务 49

建设票据综合服务平台 赋能实体经济高质量发展 52

中国票据业务系统融合工作圆满完成 55

持续推进票据信息披露 营造良好信用环境 61

筑基推新 数智驱动 "票据好管家"全面提升服务企业质效 64

第三部分　票据市场做好金融"五篇大文章"　　71

做好票据市场"五篇大文章"　助力实体经济高质量发展　　73

发挥票据业务优势　做好金融"五篇大文章"　　77

创新驱动　票据业务助推普惠金融发展　　81

提升数字化能力　做实票据"五篇大文章"　　86

服务票据全生命周期　助力谱写"五篇大文章"新篇　　92

普惠金融新视角　票据市场促小微企业发展　　100

第四部分　票据市场创新优化金融服务　　105

第一篇　供应链票据持续扩容服务国家总体战略布局　　107

供应链票据发展迈上新台阶　　107

持续深耕供应链票据　助力产业高质量发展　　112

发挥供票临沂模式优势　赋能中小微企业及个体
工商户发展　　117

第二篇　线上贴现提升中小微企业融资效能　　125

2024年"贴现通"业务发展情况　　125

深化科技金融服务　数智化赋能票据业务创新发展　　128

创新在线贴现模式　为中小企业注入金融活水　　133

第三篇　票据支付场景化应用赋能产融一体化　　139

2024年"票付通"业务发展情况　　139

推动线上票据支付应用　促进产业链金融业务发展　　142

深耕票据支付创新实践　护航实体经济高质量发展　　145

第四篇　票据信息产品服务质效稳步提升　　149

创新与规范并举　管理与服务并重　数据信息产品
服务质效稳步提升　　149

挖掘数据价值　"票信宝"有效提升新质生产力　　152

票据数据服务　赋能企业数智化转型发展　　158

第五部分 票据市场赋能实体企业   **163**

票据添动能 链接新发展   165

以数字化推动票据融资 助力实体企业强链补链   172

创产品 创打法 创服务 票据贴现服务实体经济"出新彩"   178

精准施策 数智赋能 深拓场景 多元化助推实体经济新发展   184

票据赋能 绘制产融发展新画卷   188

深化产业场景应用 票据助力产业升级   193

立足产业票据新理念 助力实体经济发展   197

第六部分 票据市场风险防范控制   **201**

合规为纲筑底线 风控为要促发展   203

严守风控合规底线 助推业务稳健经营   209

附 录   **215**

附录一 2024 年票据市场大事记   217

附录二 票据市场统计资料   221

后 记   **231**

第一部分

CHAPTER 1

票据市场总体运行情况

票据市场运行情况分析

2024年，在人民银行的领导下，票据市场各类主体深入贯彻落实宏观政策导向要求，围绕做好金融"五篇大文章"发展目标，通过深化产品创新、优化服务矩阵和强化资源保障等，有力提升对实体经济特别是中小微企业的支持力度和服务水平，推动票据市场高质量发展迈出新步伐、取得新成效。从业务规模看，全年票据市场业务总量243.7万亿元，同比增长8.5%。其中，承兑金额38.3万亿元，增长22.2%；背书金额69.8万亿元，增长11.3%；贴现金额30.5万亿元，增长28.1%；转贴现金额74.4万亿元，增长1.4%；回购金额28.9万亿元，下降8.4%。截至年末，全市场承兑余额19.8万亿元，同比增长6.5%；贴现余额14.8万亿元，增长11.7%。从票据利率看，全年全市场贴现加权平均利率为1.51%，同比下降27个基点；转贴现利率为1.38%，同比下降21个基点；质押式回购利率为1.79%，与上年基本持平。

一、票据市场运行情况

2024年，票据市场运行总体平稳，但受上年基数前低后高等因素影响，下半年以来各项业务增速普遍下降，各类业务活跃度也有所分化。全年票据市场业务总量[①]达到243.7万亿元，同比增长8.5%，增速较上年下降6.5个百分点。从业务类型看，承兑、背书和贴现业务较为活跃，全年增速分别为22.2%、11.3%和28.1%；交易业务增势放缓，全年转贴现金额仅增长1.4%，回购金额则同比下降8.4%。从票据

[①] 包括票据承兑、背书、贴现、转贴现、回购和再贴现，共计6个业务品种。

利率看，全年全市场贴现加权平均利率为1.51%，同比下降27个基点；转贴现利率为1.38%，下降21个基点；质押式回购利率为1.79%，与上年基本持平。

（一）支付业务情况

1.承兑规模增长较快，发生额、余额增势有所分化。从发生额看，2024年，全市场票据承兑金额38.3万亿元，同比增长22.2%，增速较上年提高7.8个百分点（见图1-1）。票据承兑金额总体增长较快，但受上年同期基数前低后高因素影响，年内增速先升后降。第一、第二季度承兑金额同比分别增长32.7%和55.0%，第三、第四季度增速则分别下降至6.0%和9.1%。从余额看，在年内承兑金额总体攀升、到期金额前高后稳的情况下，承兑余额较上年末增长，下半年增势较为明显。2024年末，全市场票据承兑余额[①]19.8万亿元，较上年末增长6.5%，较6月末增长11.2%。年末社会融资口径的票据承兑余额占同期社会融资规模存量的比重为4.1%，与上年末基本持平，较6月末则提高0.3个百分点[②]。

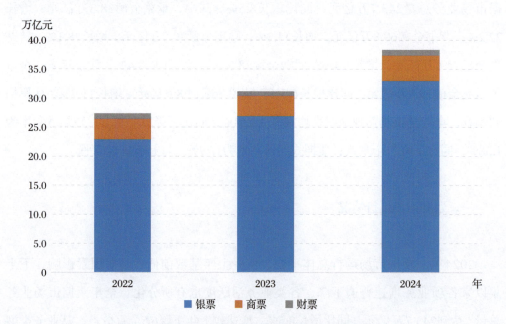

图1-1　2022—2024年不同类别票据承兑金额变化

---

① 指未结清余额，下同。

② 为保持数据口径一致，社会融资口径的票据承兑余额按照未贴现银行承兑汇票以及票据融资之和计算。其中，未贴现银行承兑汇票数据来自人民银行"社会融资规模存量统计表"，票据融资数据来自人民银行"金融机构人民币信贷收支表"。

从票据类别看，全年银票承兑金额33.0万亿元，同比增长22.1%；商票承兑4.6万亿元，增长29.6%；财票承兑0.7万亿元，下降7.6%。与上年相比，银票、商票承兑金额同比增速分别提高4.8个和26.0个百分点，财票降幅则收窄9.7个百分点。

从机构类型看，全年股份制商业银行和城市商业银行承兑金额分别为13.7万亿元和8.8万亿元，同比分别增长17.9%和28.5%；国有商业银行和农村金融机构承兑金额分别为8.4万亿元和1.7万亿元，分别增长22.3%和24.4%（见图1-2）。与上年相比，2024年城市商业银行、股份制商业银行和农村金融机构承兑增速分别提高12.1个、6.9个和4.5个百分点，国有商业银行增速则下降8.9个百分点。

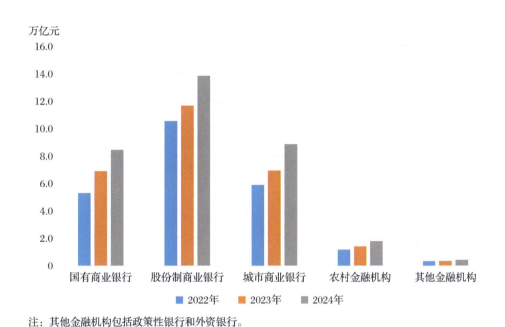

注：其他金融机构包括政策性银行和外资银行。

图1-2　2022—2024年不同类型机构承兑金额变化

2.背书金额增长较快，增速较上年有所提升。在新一代票据业务系统全面铺开、"找零支付"功能应用持续拓展的情况下，票据支付流转更加便捷，带动背书业务增速有所提升。2024年，全市场票据背书金额69.8万亿元，同比增长11.3%，增速较上年提高4.3个百分点。受上年基数前低后高因素影响，第一、第二季度背书金额同比分别增长14.1%和27.2%，第三、第四季度增速则分别降至3.6%和4.3%。从票据类别看，银票背书金额66.1万亿元，同比增长11.3%；商票背书金额2.5万亿元，增长26.4%；财票背书金额1.2万亿元，下降10.3%。与上年相比，银票、商票背书增速分别提高3.4个和24.5个百分点，财票降幅则收窄7.7个百分点（见图1-3）。

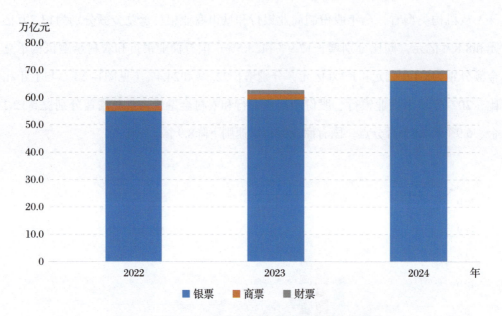

图1-3　2022—2024年不同类别票据背书金额变化

（二）融资业务情况

贴现规模增势明显，贴现承兑比高位抬升。从发生额看，2024年，全市场票据贴现金额30.5万亿元，同比增长28.1%，增速较上年提高5.7个百分点（见图1-4）。与承兑业务类似，第一、第二季度贴现金额同比分别增长47.1%和69.3%，第三、第四季度增速则分别降至9.3%和9.0%。从余额看，2024年末全市场贴现余额14.8万亿元，较上年末增长11.7%，较6月末则增长14.9%。年末票据融资余额占企（事）业单位人民币贷款余额的比重为8.7%，较上年末提高0.2个百分点，较6月末提高1.0个百分点[1]。从贴现承兑比看，年末全市场贴现承兑比为75.1%[2]，较上年末提高3.5个百分点，较6月末提高2.4个百分点。

---

[1] 数据来源：中国人民银行金融统计数据报告、"金融机构人民币信贷收支表"。
[2] 贴现承兑比指报告期末贴现余额与承兑余额的比值。

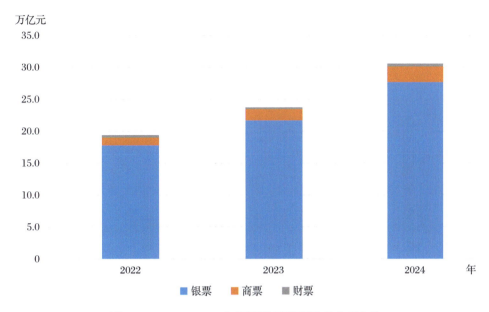

万亿元

图1-4 2022—2024年不同类别票据贴现金额变化

从票据类别看，2024年，银票贴现金额27.8万亿元，同比增长28.1%；商票贴现金额2.3万亿元，增长33.8%；财票贴现金额0.4万亿元，增长1.9%。与上年相比，银票贴现金额同比增速提高5.8个百分点，商票增速略降3.7个百分点，财票增速则由负转正，同比提高19.0个百分点。

从机构类型看，2024年，股份制商业银行和国有商业银行贴现金额分别为11.1万亿元和10.9万亿元，同比分别增长28.5%和45.7%；城市商业银行和农村金融机构贴现金额分别为5.8万亿元和2.4万亿元，分别增长10.8%和15.4%；财务公司贴现金额0.3万亿元，下降17.9%（见图1-5）。与上年相比，国有商业银行和股份制商业银行贴现增速分别提高16.6个和11.2个百分点，城市商业银行和农村金融机构增速分别下降8.1个和38.3个百分点，财务公司降幅则收窄9.9个百分点。

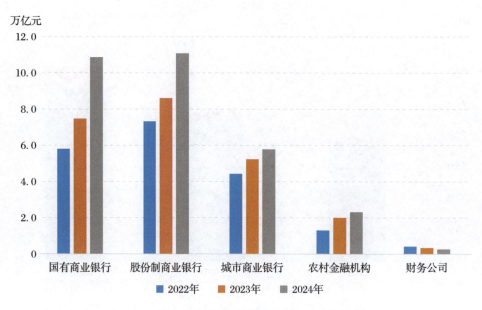

图1-5 2022—2024年不同类型机构贴现金额变化

（三）交易业务情况

1.转贴现金额基本持平，外部交易活跃度有所下降。2024年，全市场转贴现交易金额74.4万亿元，同比增长1.4%，增速较上年下降24.7个百分点。从走势看，年内转贴现交易增速总体呈下降态势，且下半年以来增速转负。第一、第二季度转贴现金额同比分别增长51.0%和20.9%，第三、第四季度则分别下降22.4%和18.3%。从票据类别看，银票转贴现金额65.1万亿元，同比基本持平；商票转贴现金额8.3万亿元，增长8.6%；财票转贴现金额1.0万亿元，增长19.3%。从内外部交易看，转贴现内部交易40.1万亿元，同比增长16.1%；外部交易34.3万亿元，同比下降11.7%。剔除内部交易看，城市商业银行和股份制商业银行转贴现金额同比分别下降29.7%和19.7%，农村金融机构和国有商业银行分别下降13.9%和3.1%，证券公司则增长75.6%[①]（见图1-6）。从交易方向看，农村金融机构和国有商业银行是主要的净买入方，股份制商业银行是主要的净卖出方（见图1-7）。

[①]分机构类型的转贴现交易金额按照买入和卖出双边统计，下同。

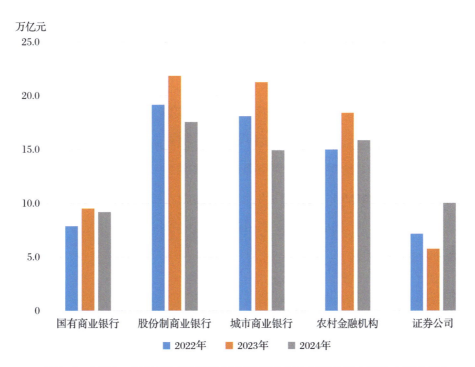

图1-6　2022—2024年不同类型机构转贴现交易金额变化（剔除内部交易）

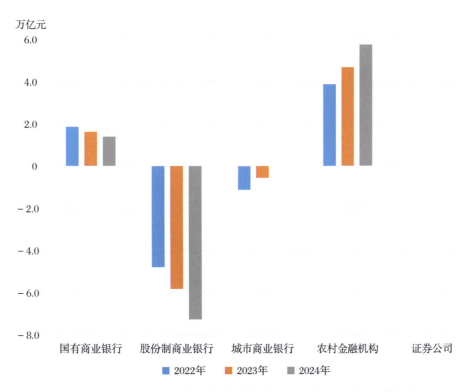

图1-7　2022—2024年不同类型机构转贴现交易净买入金额变化

2.回购金额同比下降，与货币市场相关业务走势较为类似。2024年，全市场票据回购交易金额28.9万亿元，同比下降8.4%，增速较上年下降13.7个百分点。从走势看，第一季度回购交易金额同比增长14.6%，第二、第三、第四季度则同比分别下降9.9%、27.1%和6.5%。从业务品种看，质押式和买断式回购金额分别为27.2万亿元和1.6万亿元，同比均下降8.4%。从机构类型看，国有商业银行回购金额同比下降14.7%，证券公司和农村金融机构分别下降10.5%和9.1%，股份制商业银行和城市商业银行分别下降6.8%和2.6%[①]（见图1-8）。从资金融入和融出方向看，国有商业银行是主要的资金融出方，城市商业银行、证券公司和农村金融机构是主要的资金融入方（见图1-9）。

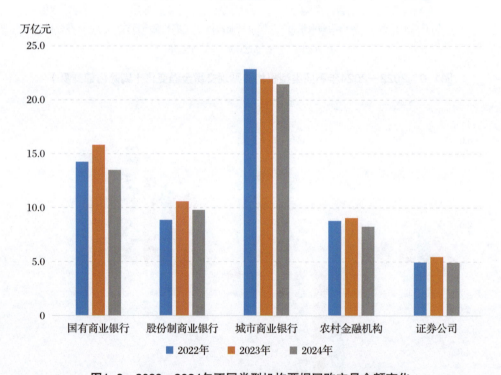

图1-8　2022—2024年不同类型机构票据回购交易金额变化

[①] 分机构类型的回购交易金额按照正回购和逆回购双边统计，下同。

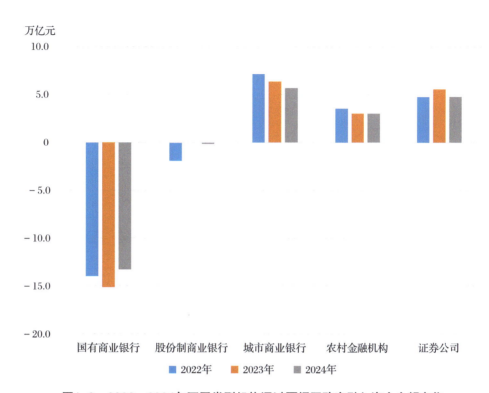

图1-9　2022—2024年不同类型机构通过票据回购净融入资金金额变化

（四）票据利率变化情况

1.贴现利率同比下降，总体呈阶梯式下行态势。2024年，全市场贴现加权平均利率为1.51%，同比下降27个基点。从走势看，贴现利率阶梯式下行特征明显。第一季度受信贷投放"开门红"等因素影响，贴现利率达到年内高点，为2.23%；第二季度以来由于有效信贷需求不足的影响逐步显现，银行对票据资产的配置需求较为旺盛，贴现利率大幅下行至1.60%，第三、第四季度则分别进一步下行至1.36%和1.08%。从票据类别看，银票贴现加权平均利率为1.38%，同比下降27个基点；商票贴现利率为3.02%，下降27个基点；财票贴现利率为1.88%，下降45个基点。与贷款市场基准利率相比，全市场贴现加权平均利率较LPR（1年期）均值低183个基点，该利差较上年扩大5个基点（见图1-10）。

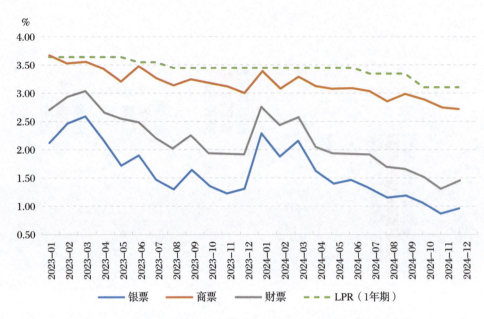

图1-10　2023年以来票据贴现利率与贷款市场基准利率走势对比

2.转贴现利率与贴现利率走势较为一致，震荡下行趋势明显。2024年，全市场转贴现加权平均利率为1.38%，同比下降21个基点。从走势看，与贴现利率走势一致，第一季度转贴现利率达到1.82%，为年内最高；第二、第三、第四季度则分别降至1.48%、1.24%和0.96%（见图1-11）。从票据类别看，银票转贴现加权平均利率为1.30%，同比下降22个基点；商票转贴现利率为2.00%，下降20个基点；财票转贴现利率为1.44%，下降25个基点。与货币市场其他利率相比，国股银票转贴现收益率（6M）较同业存单到期收益率（6M，AAA）平均低69个基点，该利差较上年收窄7个基点（见图1-12）。

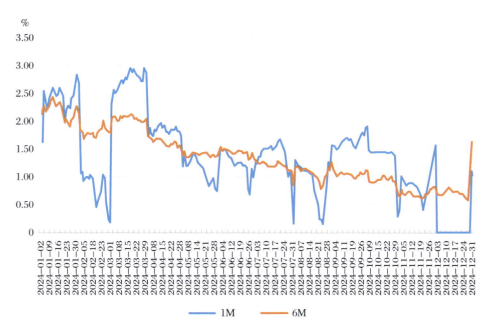

图1-11 2024年不同期限国股银票转贴现加权平均利率走势

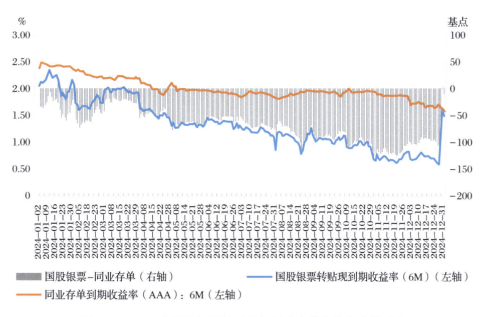

图1-12 2024年国股银票转贴现与同业存单收益率走势对比

3.回购利率同比持平，与货币市场利率走势基本一致。2024年，全市场质押式回购加权平均利率为1.79%，买断式回购加权平均利率为1.93%，均与上年基本持平。从走势看，与货币市场主要利率走势一致（见图1-13、图1-14）（DR001和DR007即银行间存款类机构以利率债为质押的1天期、7天期回购利率，是货币市场主要利率），第一、第二、第三季度票据回购利率总体平稳，质押式回购加权平均利率分别为1.89%、1.84%和1.80%，买断式回购利率分别为2.07%、1.90%和1.89%；随着政策基准利率下调等，第四季度质押式回购和买断式回购利率分别降至1.58%和1.78%，较第三季度分别下降22个和11个基点。

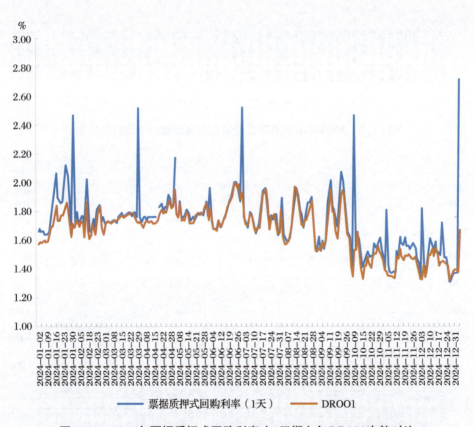

图1-13　2024年票据质押式回购利率（1天期）与DR001走势对比

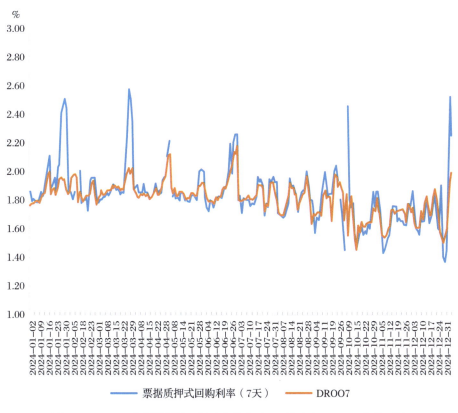

图1-14　2024年票据质押式回购利率（7天期）与DR007走势对比

二、票据市场服务实体经济进展成效及主要特点

（一）以产品创新为抓手，票据市场服务金融"五篇大文章"取得新进展

在基础设施层面，上海票据交易所（以下简称票交所）立足金融"五篇大文章"目标要求及实体企业用票痛点、难点等，扎实做好"贴现通""票付通"功能优化和推广运用，有力推动供应链票据创新应用迈上新台阶，有效实现供应链票据资产证券化业务落地；同时，通过与工信部相关司局建立信息共享机制等，推动票据标识体系建设，有望打破政银企信息不对称，畅通票据服务金融"五篇大文章"机制和渠道。在市场机构层面，银行机构利用资源倾斜、费率优惠、专享渠道、精细服务等，积极探索加强票据在科技、绿色、普惠和养老等领域的运用；同时，银行机构普遍加快票据业务数字化转型，通过线上化、智能化、全天候等方式为企业提供更加优质、高效

的票据服务。总体来看，在各方共同努力下，票据市场创新产品服务体系基本形成，协同发力、相互促进的业务创新机制成效初显，进而为更好发挥票据服务实体经济功能、深入做好票据服务金融"五篇大文章"等提供了有力的抓手和载体。

（二）以基础设施为核心，票据市场服务矩阵实现新突破

在系统建设层面，系统融合圆满收官，实现了以一套业务系统覆盖纸电票据全生命周期业务流程的目标，为票据市场平稳运行提供了有力的系统保障。同时，上线供应链票据有限追索、资产证券化等创新功能，更好满足票据市场各类主体日益多样化、精细化的票据业务需求。在制度机制层面，票交所推动发布参与者管理办法，构建了参与者管理服务总体框架。同时，面向用票企业构建了常态化的沟通机制，有助于及时了解市场诉求，提升服务响应速度。在市场服务方面，依托"票据云学堂"等线上线下平台扎实做好票据业务系统的宣传推广、业务培训以及客户服务等工作，支持各类市场机构用好用足系统功能、持续深化产品创新和服务升级，更好满足企业各类用票需求。总体来看，在新一代票据业务系统应用全面铺开、基础设施服务体系不断完善的情况下，票据市场各类主体协同互补、相互促进的市场服务机制更趋成熟，有望在提升票据服务质效、加快高质量发展等方面发挥重要作用。

（三）以高质量发展为目标，票据市场服务实体经济迈上新台阶

作为金融基础设施，票交所以推动市场高质量发展为目标，重点通过产品创新、服务赋能、安全守护等切实发挥好基础设施的平台作用，持续缓解企业用票过程中的难点和痛点问题，有效提升银企双方供求对接效率，更好发挥了票据服务实体经济特别是中小微企业功能。银行机构在配合票交所做好各项票据服务的同时，充分利用票据业务政策性强、灵活度高、涉及面广等优势，进一步加大政策倾斜和资源投入，为实体经济特别是中小微企业提供了有力的信用和融资支持。2024年，全市场用票企业家数[①]达到352.1万家，同比增长10.3%；企业用票金额[②]达到138.6万

[①] 用票企业家数指报告期全市场开展签发（承兑）、背书和贴现业务的企业家数合计数，下同。
[②] 企业用票金额指报告期全市场票据签发（承兑）、背书和贴现金额合计数，下同。

亿元，增长17.6%。其中，中小微企业用票家数、金额分别达到345.9万家和108.2万亿元，市场占比分别为98.2%和78.1%。票据贴现加权平均利率为1.51%，较同期LPR（1年期）均值低183个基点，经估算可为企业节约超过2500亿元的融资成本。

三、趋势展望

2024年是票据市场规范发展、蓄势待发的关键一年。在人民银行的领导下，票据市场各类主体深入贯彻落实宏观政策导向要求，围绕做好金融"五篇大文章"发展目标，通过深化产品创新、优化服务矩阵和强化资源保障等，有力提升对实体经济特别是中小微企业的支持力度，推动票据市场高质量发展迈出新步伐、取得新成效。从发展趋势看，在宏观经济增长承压、企业经营仍然困难等背景下，当前票据市场平稳运行面临不少挑战，但实际上也蕴含着新的市场机遇、积蓄着新的发展动能，有望在推动实现各项宏观政策目标过程中发挥更加重要的作用。下一阶段，通过深入发挥基础设施服务功能、用好用活各类业务创新、加快完善票据服务金融"五篇大文章"机制等，票据市场有望挖掘并拓展出新的发展空间，推动各项业务迈上新台阶、打开新局面，并以更新举措、更大力度、更优服务支持实体经济高质量发展。

供稿单位：上海票据交易所

执 笔 人：刘助振　郭宏坚　孙馨瑶

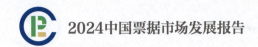

票据承兑和到期情况分析

2024年，票据承兑业务保持平稳增长的趋势，承兑金额38.32万亿元，增长22.24%；发生提示付款5629.56万次，金额55.39万亿元；发生追索21.97万次，金额0.25万亿元；90%以上的票据在票据到期后3日内结清；中国票据业务系统的结清效率显著提升。

一、票据承兑到期业务总体情况

2024年，全国共发生商业汇票承兑1736.78万张、金额38.32万亿元，其中承兑发生额较2023年增长22.24%；发生提示付款5629.56万次、金额55.39万亿元，发生追索21.97万次、金额0.25万亿元（见表1-1）。企业签发电票进行贸易支付的规模进一步扩大，电票金额占比由2023年的99.75%上升至99.85%。

表1-1　2024年票据承兑、提示付款、追索发生张数和发生额情况

业务量		承兑		提示付款		追索	
		张数/万张	金额/万亿元	次数/万次	金额/万亿元	次数/万次	金额/万亿元
商业汇票		1736.78	38.32	5629.56	55.39	21.97	0.25
按介质	电票	1680.14	38.26	5628.63	55.39	21.96	0.25
	纸票	56.64	0.06	0.93	0.0025	0.01	0.00008
按种类	银票	1492.85	33.03	5084.68	47.81	0.20	0.0021
	商票	209.98	4.60	435.67	6.53	21.71	0.24
	财票	33.95	0.68	109.21	1.05	0.05	0.0017

二、企业签发票据业务情况

（一）票据平均面额大幅上升

2024年，票据平均面额为220.64万元，同比上升102.78%；其中，银票平均面额为104.69万元，同比上升111.36%，商票平均面额为219.24万元，同比上升45.10%，财票平均面额为201.55万元，同比上升80.74%。2024年票据平均面额整体呈现上行的趋势（见图1-15）。

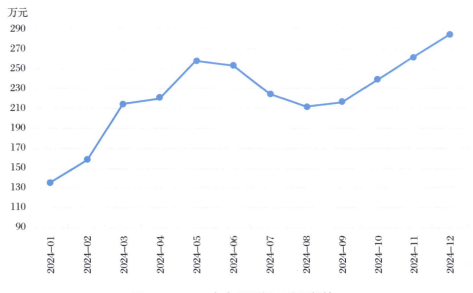

图1-15　2024年各月票据平均面额情况

（二）科学研究和技术服务业签发票据占比显著提升

与前期相比，2024年批发和零售业、制造业仍为各行业中签发票据较多的行业，共占所有行业签发总额的76.94%，较上年下滑8.55个百分点。在使用票据较多的行业中，科学研究和技术服务业、租赁和商务服务业的签发金额同比增长较多，增速分别为224.51%、99.35%（见图1-16）。

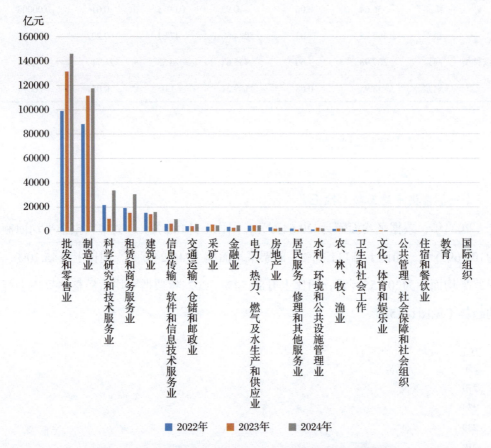

图1-16 2022—2024年各行业企业票据签发金额情况

（三）小微企业票据签发金额占比最高

2024年，小微企业、大型企业、中型企业票据签发金额占各规模企业票据签发总额的比例分别为46.12%、28.46%和25.42%，与2023年相比，小微企业占比提升12个百分点。从各月不同规模企业的票据签发金额来看，小微企业、中型企业和大型企业每月签发票据金额趋势保持一致，小微企业签发票据金额的波动性更大（见图1-17）。

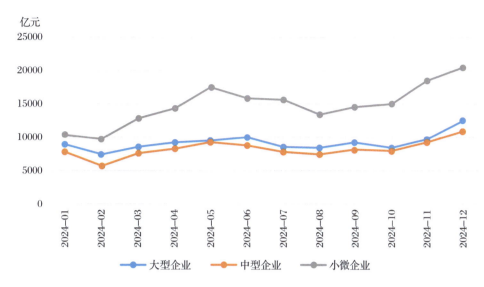

图1-17　2024年不同规模企业每月票据签发金额情况

三、票据到期业务情况

（一）绝大多数票据均能在到期后3日内结清

总体来看，90%以上的票据在票据到期后3日内结清。其中，银票、财票、商票在票据到期后3日内结清的占比[①]分别为96.17%、97.98%和91.15%（见图1-18）。

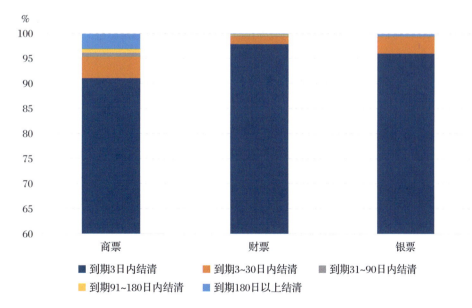

图1-18　2024年各类票据结清效率占比

---

① 不包含在到期日前结清的情形。

（二）中国票据业务系统的结清效率显著提升

中国票据业务系统上线后，票据结清所需时间大幅缩短，结清效率显著提升。电子商业汇票系统（ECDS）、中国票据业务系统的票据在票据到期后3日内结清的占比分别为93.05%、98.34%（见图1-19）。

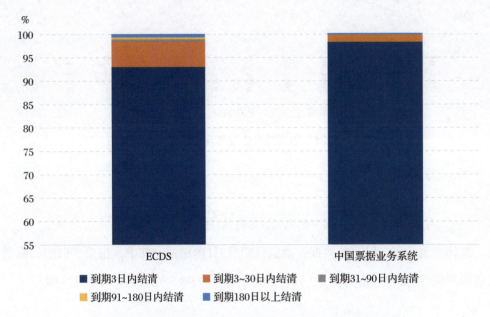

图1-19　2024年ECDS与中国票据业务系统结清效率比较

供稿单位：上海票据交易所

执 笔 人：倪宏侃　杨　阳

票据贴现和托管情况分析

2024年，票据贴现总量30.51万亿元，同比增长28.09%；以发生额计算的贴现承兑比为79.61%，较上年增长3.63个百分点。2024年末，共有16927家市场参与者托管票据699.95万张，较上年末增长29.68%；托管票据余额14.79万亿元，较上年末增长11.86%。

一、票据贴现市场运行情况

（一）贴现规模再创新高，有效支持企业融资

贴现发生额同比明显增长，贴现承兑比提升。2024年，票据市场共计办理贴现业务30.51万亿元，同比增长28.09%，总体来看稳中有增。2024年第一季度至第四季度，分别实现贴现业务量5.72万亿元、8.55万亿元、7.27万亿元和8.96万亿元（见图1-20）。贴现市场全年服务中小微企业36.68万家，占全部贴现企业的96.53%，中小微企业贴现发生额23.58万亿元，占全部贴现发生额的77.28%。以发生额计算的贴现承兑比为79.61%，较上年增长3.63个百分点，贴现市场持续发挥支持企业融资，服务实体经济的作用。

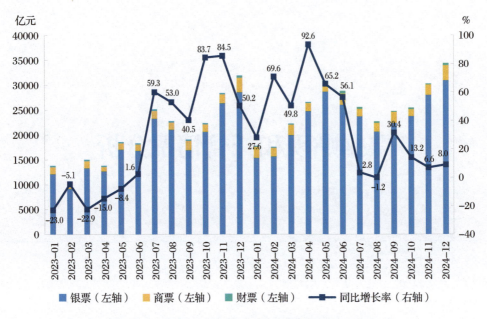

图1-20　2023—2024年各月份贴现量及同比增速

商业信用体系进一步优化，商票贴现量保持增长。2024年商票贴现总金额达到2.35万亿元，较上年增长33.82%。商票贴现占全市场贴现业务量的比值达到7.70%，较上年提升0.33个百分点，以发生额计算的商票贴现承兑比为51.04%。商票贴现市场的稳健发展，得益于信息披露制度的施行。商票市场在规范融资、防范化解风险方面取得长足进步。

（二）贴现利率保持较低水平，降低实体经济融资成本

全市场加权平均贴现利率同比下降。2024年，宏观政策引导金融服务实体经济，票据利率保持低位运行，助力实体企业降本增效。全市场加权平均贴现利率为1.51%，同比下降27个基点。其中，银票贴现利率为1.38%，同比下降27个基点；商票为3.02%，同比下降27个基点；财票为1.88%，同比下降45个基点。

贴现利率持续低于一般贷款利率。全市场贴现加权平均利率较1年期LPR相比低183个基点，预计节约企业融资成本2661.22亿元[①]，体现票据贴现贯彻落实货币政策导向、引导资金流向实体作用（见图1-21）。

---

① 节约融资成本=报告期贴现总金额×贴现加权平均利率与LPR（1年期）均值的差值×贴现票据平均剩余期限/12个月。根据测算，2024年贴现票据平均剩余期限约5.73个月。

图1-21　2024年月度加权平均贴现利率与LPR（1年期）走势

（三）票据贴现有力支持实体经济重点领域和薄弱环节

票据贴现持续支持零售业和制造业。按贴现申请人所属行业门类，贴现企业中批发和零售业、制造业、科学研究和技术服务业占比最高，贴现金额分别为12.59万亿元、8.89万亿元和2.94万亿元，占比分别达到41.28%、29.13%和9.64%（见图1-22）。公共管理、社会保障和社会组织，水利、环境和公共设施管理业，房地产业贴现业务中商票占比最高，分别为69.98%、39.37%和33.60%。

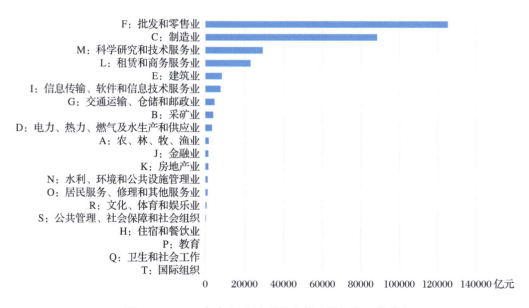

图1-22　2024年各行业贴现总金额（按行业门类分）

票据贴现支持做好普惠金融大文章。小微企业贴现金额占比提升，票据贴现服务小微企业的质效显著加强。2024年，小微企业办理贴现16.93万亿元，同比增长58.29%，大中型企业办理贴现13.58万亿元，同比增长3.46%，小微企业贴现业务量增速较大中型企业高出54.83个百分点；小微企业市场占比达到55.50%，同比提升10.59个百分点。小型和微型贴现企业分别为14.52万家和17.30万家，同比分别增长8.36%和41.92%。

（四）头部机构持续发力，支持地区经济发展作用加强

贴现市场保持以国有商业银行和股份制商业银行为主导的格局。全年国有商业银行贴现金额为10.88万亿元，同比增长45.75%；股份制商业银行贴现金额为11.07万亿元，同比增长28.52%，两者市场占比合计达71.94%。城市商业银行贴现金额为5.78万亿元，市场占比为18.96%，较上年小幅下降2.96个百分点（见图1-23）。

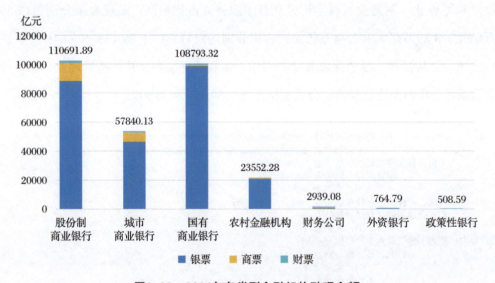

图1-23　2024年各类型金融机构贴现金额

（五）东部地区继续引领市场增长

贴现业务集中于东部地区。2024年，东部、中部、西部和东北地区票据贴现量分别为22.00万亿元、4.21万亿元、3.47万亿元和0.83万亿元，同比分别增长29.70%、26.00%、26.89%和6.18%。贴现业务主要集中在东部地区，业务量占比达

到72.11%。长期以来，东部地区实体经济发达、金融机构遍布广泛、对市场环境变化敏感、商业活动更为发达，是贴现市场的主力。全年长三角地区票据贴现量为11.16万亿元，同比增长31.81%，业务量占比达36.57%。

二、票据托管运行情况

（一）托管票据总量实现增长

2024年末，全国共有16927家市场参与者在票交所托管票据，托管余额14.79万亿元，较上年末增长11.86%；合计张数699.95万张，较上年末增长29.68%（见图1-24）。

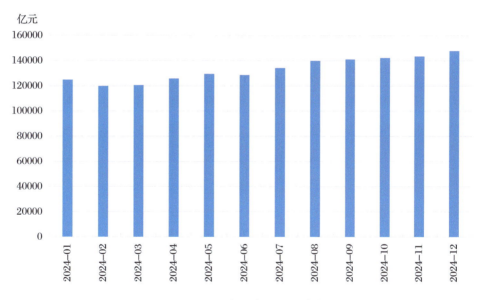

图1-24　2024年以来月末托管余额

从托管票据种类来看，银票托管余额13.55万亿元，同比增长11.91%；余额占比为91.53%，同比增加0.04个百分点。商票托管余额1.08万亿元，同比增长13.85%；财票托管余额0.17万亿元，同比下降2.18%。

从托管票据介质来看，电子票据托管余额14.79万亿元，同比增长11.87%；金额占比为99.94%，同比增加0.01个百分点。纸质票据托管余额83.53亿元，同比下降2.51%（见表1-2）。

表1-2　2024年末票据托管余额（按种类和介质区分）

票据类别	张数/张	张数占比/%	金额/亿元	金额占比/%
电票	6990336	99.87	147907.56	99.94
纸票	9125	0.13	83.53	0.06
银票	6742024	96.32	135450.51	91.53
商票	178603	2.55	10793.52	7.29
财票	78834	1.13	1747.05	1.18

（二）票据持有者市场结构调整

2024年末，从持有者类型来看，国有商业银行持有票据总量最多，总金额为6.74万亿元，较上年末增长29.17%；余额占比为45.57%，同比提高6.11个百分点，在各类型金融机构中排名首位（见图1-25）。股份制商业银行、城市商业银行、农村金融机构年末托管余额分别为2.43万亿元、2.19万亿元和3.16万亿元。

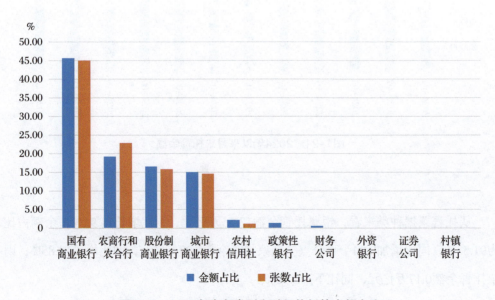

图1-25　2024年末各类型金融机构托管余额占比

（三）贴现后票据用作担保品的余额规模近万亿元

2024年末，质押式回购待赎回票据余额0.40万亿元；再贴现质押式待赎回票据余额0.58万亿元；质押票据余额83.28亿元。加总来看，2024年末托管票据用作金融机构之间的质押式回购、质押，以及金融机构与央行之间的再贴现质押式回购担保品的余额达0.99万亿元。

供稿单位：上海票据交易所

执 笔 人：李 麟 龚 倩

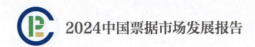

票据交易情况分析

2024年，票据交易总量为103.26万亿元，总体交易规模与上年基本持平。票据交易利率持续低位运行，转贴现加权平均利率1.36%，同比下降约24个基点，质押式回购加权平均利率1.79%，同比下降约1个基点。

一、票据交易总体情况

票据交易规模总体保持稳定。2024年全年票据交易量为103.26万亿元，同比下降1.54%。其中，转贴现交易量为74.40万亿元，同比增长1.40%，占总交易量的72.06%，较上年高约2个百分点；回购交易量为28.86万亿元，同比下降8.38%，占总交易量的27.94%。

从年内交易量变化趋势看，2024年上半年交易量保持较高增长趋势，同比增长率达21.76%，其中前4个月单月增长率均保持在20%以上，4月单月交易量达12.61万亿元。下半年票据交易活跃度有所下降，交易量同比下降19.76%，单月交易量基本在8万亿元左右（见图1-26）。从单日交易情况看，2024年日均交易量为4113.92亿元，同比下降2.33%，单日交易量峰值为8776.68亿元（3月28日）。

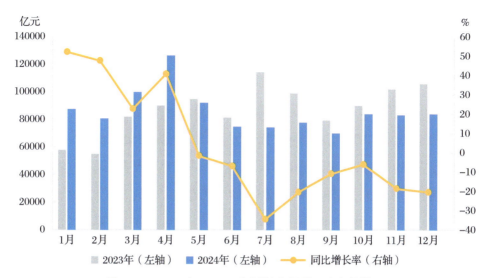

图1-26　2023年、2024年票据交易量月度变化情况

从参与者情况看，参与者类型结构总体保持稳定。2024年，开展票据交易的参与者数量为2100家（按法人维度统计），其中国有商业银行、股份制商业银行、城市商业银行交易量合计占比保持在80%，与上年持平，国有商业银行交易量占比较上年提高4.17个百分点，股份制商业银行、城市商业银行交易量占比分别下降1.23个和3.42个百分点。从交易量增长率看，国有商业银行、证券公司交易活跃度有所上升，交易量同比增长率分别为13.26%和33.61%；其他机构交易量较上年有不同程度的下滑，股份制商业银行、城市商业银行和农村金融机构交易量分别下降6.07%、14.30%和11.56%（见图1-27）。

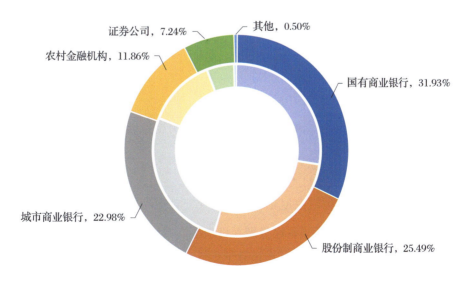

图1-27　2023年（内圈）、2024年（外圈）不同类型参与者交易量占比

二、票据转贴现交易情况

（一）转贴现交易量小幅增长，商票交易活跃度略有提升

2024年，转贴现交易量74.40万亿元，同比增长1.40%，增速有所下降。其中，银票转贴现交易量65.10万亿元，同比增长0.31%，占转贴现交易总量的87.50%；财票转贴现交易量9927.92亿元，同比增长19.33%，占转贴现交易总量的1.33%；商票交易活跃度进一步上升，全年转贴现交易量8.31万亿元，同比增长8.62%，占转贴现交易总量的11.17%，占比较上年高0.74个百分点（见图1-28）。转贴现内部交易占比为53.93%，较上年高6.83个百分点。

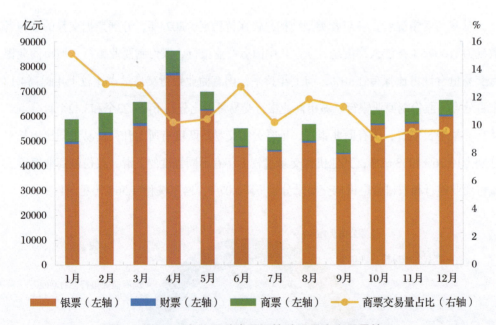

图1-28 2024年不同种类票据转贴现月度交易量情况

从期限看，长期限票据转贴现交易占据主导，且交易量占比进一步提升。全年1M、3M、6M票据转贴现交易量占比分别为11.75%、21.16%和67.10%，其中3M、6M（含6M以上）交易量占比分别较上年提升了1.67个和0.2个百分点，期限结构整体保持稳定（见图1-29）。

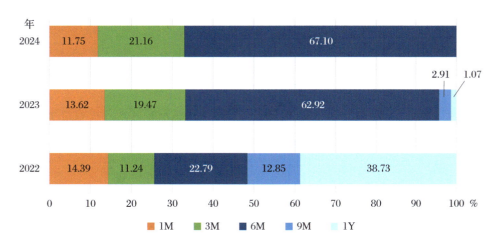

图1-29　2022—2024年转贴现各期限品种交易量占比

（二）转贴现利率持续下行，助力票据市场服务实体经济质效提升

2024年，全市场转贴现加权平均利率1.36%，同比下降24个基点。从票据类别看，全年银票转贴现加权平均利率1.33%，同比下降25个基点；财票转贴现加权平均利率1.56%，同比下降20个基点；商票转贴现加权平均利率1.60%，同比下降25个基点。全年直贴与转贴现利差持续收窄，全市场直转贴利差15个基点，其中银票、财票、商票直转贴利差为5个、32个和142个基点，分别较上年收窄2个、24个和2个基点（见图1-30）。票据市场整体利率保持较低水平，促进票据全生命周期业务形成良性循环，助力票据市场服务实体经济质效提升。

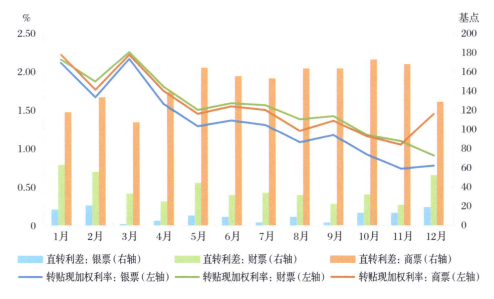

图1-30　2024年不同种类票据转贴现利率月度变化情况

从利率走势看，年内票据转贴现加权平均利率持续下行，由年初2.0%~2.5%区间逐步下行至年末0.5%~1.0%区间（见图1-31）。从期限看，短期1M利率波动较大，月末利率多次下探至0.5%以下；受跨年因素影响，第四季度长短期利率出现不同程度的阶段性倒挂。全年转贴现收益率（6M，银票）持续低于同业存单收益率（6M，AAA），全年平均利差约为65个基点。

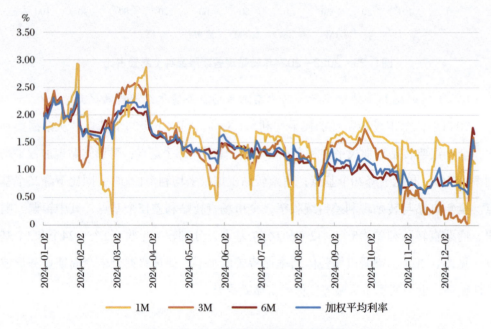

图1-31　2024年银票转贴现利率走势

（三）国有商业银行影响力上升，股份制商业银行、农村金融机构买卖差额扩大

2024年，国有商业银行、证券公司转贴现交易量分别较上年增长23.66%和75.65%，仍保持较高的增长水平。其中，国有商业银行转贴现交易量占比为35.26%，较上年提高了6.35个百分点，影响力进一步扩大，净买入金额略低于上年水平（见图1-32）。股份制商业银行、城市商业银行、农村金融机构转贴现交易量较上年分别下降5.90%、21.93%和12.76%，但股份制商业银行净卖出、农村金融机构净买入金额增长明显，同比增长率分别为25.31%和23.01%，不同类型市场参与者交易特征更为突出。

图1-32　2022—2024年各类型机构转贴现净买入情况

三、票据回购交易情况

（一）票据回购交易量有所回落

2024年，票据回购交易量28.86万亿元，同比减少8.38%。其中，质押式回购交易量27.24万亿元，同比减少8.38%；买断式回购交易量1.61万亿元，同比减少8.40%。从月度交易量变化情况看，4月回购交易量达4.03万亿元，为历史峰值，但5月开始交易量下滑明显，下半年单月回购交易量基本维持在2万亿元左右（见图1-33）。短期回购仍占据主导地位，7天及以下回购交易量占比84.75%，较上年低0.96个百分点。

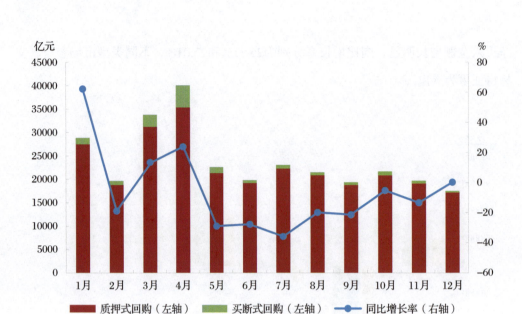

图1-33　2024年回购交易量月度变化情况

（二）票据回购利率持续低位运行

2024年，全市场质押式回购加权平均利率为1.79%，买断式回购加权平均收益率为1.95%，均与上年基本持平。从利率走势看，全年质押式回购月度加权平均利率与DR007相近，前三个季度在1.80%左右浮动，第四季度下行至1.6%左右，伴随转贴现利率持续下行，第二季度开始转贴现加权平均利率持续低于质押式回购加权平均利率（见图1-34）。

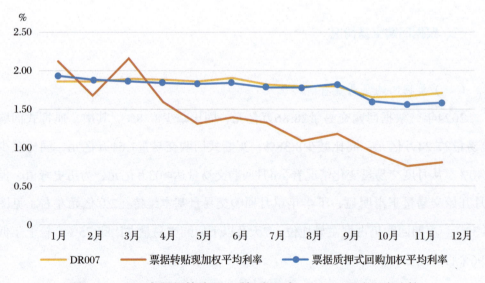

图1-34　2024年票据转贴现、质押式回购、DR007月度利率比较

（三）市场参与者回购交易量普遍下降

与上年相比，各类型市场参与者回购交易量均有不同程度的下滑。其中，以逆回购交易为主的国有商业银行降幅最大，全年回购交易量同比下降14.71%，回购净融出金额较上年减少1.82万亿元（见图1-35）。相应地，以正回购交易为主的城市商业银行、农村金融机构、证券公司回购交易量同比分别下降2.64%、9.07%和10.53%，正逆回购相对均衡的股份制商业银行回购交易量也下降了6.79%。票据收益率水平的下降可能是导致回购交易活跃度降低的重要原因。

图1-35 2022—2024年各类型机构票据回购资金净融出情况

供稿单位：上海票据交易所

执 笔 人：汤莹玮　林　蓓

票据清算结算情况分析

2024年，票据清算结算业务运行平稳，票据业务结算笔数增幅明显，结算金额基本保持稳定，电票结算量占比持续提升，中小金融机构线上清算业务量延续增长态势。

一、票据清算结算总体情况

（一）票据业务结算笔数大幅增长，电票业务占比进一步提高

2024年，票据业务结算4090.20万笔[①]、金额131.71万亿元，结算笔数同比增长39.82%、金额同比下降3.78%（分月情况见图1-36）。其中，按票据介质区分，电票业务结算4089.27万笔、金额131.71万亿元，结算金额同比下降3.78%，结算笔数和金额分别占结算总量的99.977%和99.998%，分别较上年提升0.05个和0.002个百分点；纸票业务结算0.93万笔、金额0.0025万亿元，分别占结算总量的0.023%和0.002%，结算金额同比下降53.70%（见表1-3）。

---

① 本部分所称结算量指采用票款对付或线上清算方式的票据业务的结算量。

图1-36　2024年票据业务结算情况

表1-3　2024年票据业务结算情况（按票据种类和票据介质区分）

分类	笔数/万笔	金额/万亿元	笔数占比/%	金额占比/%
电子银行/财务公司承兑汇票	3845.28	124.63	94.01	94.63
电子商业承兑汇票	244.00	7.08	5.97	5.37
纸质银行/财务公司承兑汇票	0.892	0.002	0.022	0.002
纸质商业承兑汇票	0.033	0.0003	0.0008	0.0002

（二）票据业务结算呈现交易业务金额大、非交易业务笔数多的特点

2024年，交易业务结算55.40万笔、金额94.89万亿元，分别占结算总量的1.35%和72.05%，结算笔数和金额同比分别下降4.47%和9.04%；非交易业务结算4034.80万笔、金额36.81万亿元，分别占结算总量的98.65%和27.95%，结算笔数和金额同比分别增长40.72%和13.02%（见表1-4）。

表1-4 2024年票据业务结算情况（按业务种类区分）

业务种类	结算笔数/万笔	结算金额/万亿元	结算笔数占比/%	结算金额占比/%
转贴现	44.19	37.22	1.08	28.26
质押式回购（含到期）	10.50	54.47	0.26	41.36
买断式回购（含到期）	0.70	3.21	0.02	2.43
交易业务结算合计	55.40	94.89	1.35	72.05
托收	3991.87	35.95	97.60	27.30
贴现	42.38	0.83	1.04	0.63
追索	0.56	0.03	0.01	0.02
非交易业务结算合计	4034.80	36.81	98.65	27.95
总计	4090.20	131.71	100.00	100.00

从笔均结算金额来看，非交易业务笔均结算金额91.24万元，同比下降19.67%；交易业务笔均结算金额1.71亿元，同比下降5.00%。

二、中小金融机构线上清算业务持续增长

为提升中小金融机构票据业务的清算效率，票交所为未开立人民银行清算账户的中小金融机构开立参与者资金账户，为其提供线上清算结算服务。

截至2024年末，依托参与者资金账户开展线上清算业务的中小金融机构达到507家，中小金融机构依托参与者资金账户完成线上清算180.82万笔、金额22.22万亿元，同比分别增长55.94%和8.24%。

供稿单位：上海票据交易所

执 笔 人：张艳宁　童相新　吕子哲

票据市场参与者情况分析

2024年票据市场参与者数量稳步增长，范围略有扩大，整体结构与上年相似。截至2024年末，共有直接参与者[①]113512家，间接参与者[②]352.13万家。

一、直接参与者情况分析

（一）直接参与者总量持续增长，业务办理渠道[③]总量减少

截至2024年末，直接参与者总计113512家，较上年末增加1459家。全部直接参与者分属3009家业务办理渠道，较上年末减少65家，主要原因为中小农村金融机构被省级农村商业银行、发起行吸收合并等。各类直接参与者数量明细详见表1–5。

[①] 直接参与者：通过票交所系统或票交所认可的方式直接与票交所对接、获取票交所服务的票据当事人及其他业务当事主体。

[②] 间接参与者：不直接与票交所对接，而是通过参与者服务机构获取票交所服务的票据当事人及其他业务当事主体。

[③] 业务办理渠道：同一法人机构开展不同类型业务，对应不同业务办理渠道。

表1–5　直接参与者分类统计（截至2024年12月31日）

直接参与者类型		业务办理渠道数量/家	占比/%	直接参与者数量/家	占比/%
银行类	政策性银行	3	0.10	2146	1.891
	国有商业银行	6	0.20	61571	54.242
	股份制商业银行	12	0.40	12282	10.820
	城市商业银行	125	4.15	16478	14.517
	外资银行	49	1.63	549	0.484
	农村商业银行	1513	50.28	17078	15.045
	农村信用社	397	13.19	1680	1.480
	村镇银行	421	13.99	1158	1.020
	农村合作银行	21	0.70	45	0.040
	民营银行	20	0.66	20	0.018
非银类（自营业务）	财务公司	231	7.68	262	0.231
	证券公司	72	2.39	72	0.063
	基金公司	3	0.10	3	0.003
	信托公司	2	0.07	2	0.002
	资产管理公司	15	0.50	15	0.013
非银类（资管业务）	证券公司	38	1.26	52	0.046
	基金公司	7	0.23	7	0.006
	资产管理公司	32	1.06	49	0.043
存托类（标准化票据业务）	商业银行	15	0.50	15	0.013
	证券公司	25	0.83	25	0.022
	票交所	1	0.03	1	0.001
SPV类（资产证券化业务）	信托公司	1	0.03	2	0.002
总　计		3009	100	113512	100

（二）直接参与者结构总体稳定，新增一个参与者类型

1.直接参与者结构总体情况。总体来看，各类直接参与者的占比与上年基本一致。尽管银行类和非银类参与者数量均有所减少，但银行类参与者的占比仍为绝大多数，业务办理渠道和直接参与者占比分别为85.31%和99.56%。

随着供应链票据资产证券化业务落地，直接参与者类型在原有基础上新增了SPV类，包括特定目的载体管理人和特定目的载体（SPV）。因基础资产及业务模式差异，为将其与开展资管业务的非银类参与者和开展标准化票据业务的存托类参与者区分，故单独进行统计。

2. 银行类参与者的业务办理渠道数量有所减少，直接参与者数量持续增加。随着中小农村金融机构改革不断深入，各类农村信用社、农村商业银行逐步被省级农信机构吸收合并，村镇银行被其发起行吸收合并，导致银行类参与者的业务办理渠道数量有所减少，截至2024年末为2567家，较上年末减少60家。而直接参与者数量不降反升，为113007家，较上年末增加1471家，主要为大中型银行新增的分支机构。

其中，政策性银行、国有商业银行、股份制商业银行、城市商业银行等大中型银行的业务办理渠道数量占全部银行类参与者的比重约为5.69%，但其直接参与者数量占比达81.83%；而农村金融机构[①]业务办理渠道数量在全部银行类参与者中的占比达91.62%，但直接参与者数量仅有17.66%，与大中型银行整体呈二八分布。具体分布情况见图1-37。

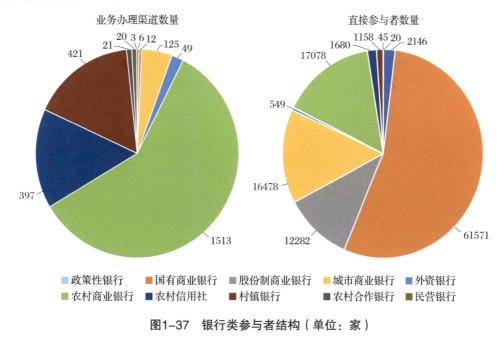

图1-37　银行类参与者结构（单位：家）

---

① 农村金融机构是指农村商业银行、农村合作银行、农村信用社以及村镇银行。

3. 非银类参与者和非法人产品数量均有下降。截至2024年末，非银类参与者的业务办理渠道总数为400家，较上年末减少6家。其中，有47家机构同时开展自营业务和资管业务，较上年末减少2家。

开展自营业务的非银类参与者中，业务办理渠道数量为323家，较上年末减少2家；直接参与者数量为354家，较上年末减少1家（见图1-38）。

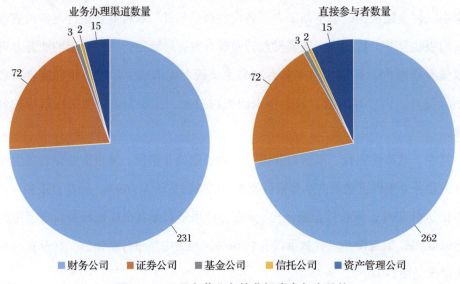

图1-38　开展自营业务的非银类参与者结构

开展资管业务的非银类参与者中，业务办理渠道数量为77家，较上年末减少4家；产品管理人及其管理的非法人产品共108家，较上年末减少13家（见图1-39）。

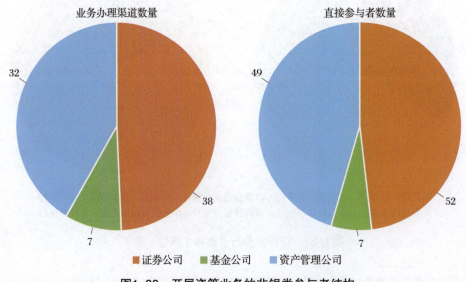

图1-39　开展资管业务的非银类参与者结构

4. 存托类参与者数量和结构保持不变。截至2024年末，存托类参与者的业务办理渠道和直接参与者数量均为40家，与上年末持平，其中，商业银行15家、证券公司25家。15家商业银行中，包括国有商业银行2家、股份制商业银行8家、城市商业银行5家。

5. 新增特定目的载体类参与者。截至2024年末，特定目的载体类参与者的业务办理渠道数量为1家，特定目的载体管理人和特定目的载体共2家，为1家信托公司和其管理的特定目的载体。

（三）直接参与者接入方式

截至2024年末，共有2586家业务办理渠道的112957家直接参与者通过433个接入点，以自主直连或集中直连的方式接入中国票据业务系统（见表1-6）。其余业务办理渠道和直接参与者通过客户端方式接入中国票据业务系统。

表1-6　直连接入方式分类统计表（截至2024年12月31日）

直连方式	接入点数量/个	占比/%	业务办理渠道数量/家	占比/%	直接参与者数量/家	占比/%
自主直连	391	90.30	391	15.12	89912	79.60
集中直连	42	9.70	2195	84.88	23045	20.40

二、间接参与者情况分析

间接参与者主要为用票企业。2024年，用票企业数[①]总计352.13万家，较上年末增加33.02万家。其中，中小微企业有345.88万家，较上年末增加33.13万家。

签发（承兑）企业总计24.06万家，较上年末增加1.20万家，占全部用票企业数量的6.83%。其中，中小微企业有22.56万家，较上年末增加1.27万家，占全部用票中小微企业数量的6.52%。

———————————

① 用票企业数指全市场开展签发（承兑）、背书和贴现业务的企业家数总和。

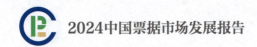

　　背书企业总计290.07万家，较上年末增加26.94万家，占全部用票企业数量的82.38%。其中，中小微企业有286.64万家，较上年末增加27.13万家，占全部用票中小微企业数量的82.87%。

　　贴现企业总计38.00万家，较上年末增加4.87万家，占全部用票企业数量的10.79%。其中，中小微企业有36.68万家，较上年末增加4.72万家，占全部用票中小微企业数量的10.60%。

供稿单位：上海票据交易所

执　笔　人：王凌飞　汪郅嘉

第二部分

CHAPTER 2

票据市场基础设施建设

中国票据业务系统功能持续优化
顺利承载全市场纸电票据业务

2024年，中国票据业务系统（以下简称新系统）持续优化业务功能和性能，平稳承载全市场纸电票据业务，并在票据市场首次实现全年持续不间断业务运行，为提高票据市场运行效率、支持票据市场高质量发展提供了有力支撑。

一、新系统业务功能和性能持续优化

2024年，票交所更新发布了《中国票据业务系统直连接口规范V1.3》，并组织实施了4批次227项业务功能的优化升级，持续夯实新系统功能和性能质量。

夯实主流业务功能质量。新增贴现业务付息方式、质押式回购业务票据替换、追索业务附件登记等功能，优化到期提示付款发起机制，完善T+1清算业务控制、托管账户管理等功能，提供更高质量的票据业务服务。

优化业务功能用户体验。新增跨法人承接处理，简化业务流程中的企业名称字符校验，并进一步优化直连接口处理的报错信息，规范票据详情和票样信息展示，提升面向用户的服务效能。

连通票据与债券市场。新增票据资产证券化功能，并在年内实现首单直接模式供应链票据资产证券化产品的成功落地，进一步提升票据服务中小微企业融资的作用。

提升票据服务实体质效。新增供应链票据有限追索服务功能，明确票据信用主体，满足用票企业财务管理需求，降低或有债务风险，推动减少社会矛盾纠纷、节约司法资源。

强化风险防控综合能力。在上海金融法院支持下，新增提示付款拒付通知文件功能，明确票据行为人权责，加强票据案件诉源治理，防范化解票据市场风险。

做好金融"五篇大文章"。新增绿色、科技等票据标识功能，应用科创、养老企业等权威第三方名录，引导更多票据市场资金流向绿色、科技等重点产业，为金融机构加强重点领域票据服务提供系统功能基础。

二、新系统稳妥有序承载全市场票据业务

2024年以来，票交所积极引导用票企业适应新系统，组织了近20场、1.6万余人次参加的专题业务培训，并推动市场成员合理配置资源、抓住重点客户，充分引导用票企业会用、多用新系统办理电票业务。2024年6月末，新系统的电票承兑业务金额占全市场总金额的比例达到99.96%，具备了承载全市场业务的基本条件。

2024年7月，在市场成员的积极配合下，票交所平稳完成原有电子商业汇票系统存量电票数据的迁移，全市场纸电票据的全流程业务均通过新系统办理，实现一个业务系统、一套接口功能兼容纸电票据全生命周期业务流程，统一系统、统一业务规则的票据市场新格局正式形成。

三、新系统持续保持各项业务的平稳运行

新系统于2022年6月上线，经过2年多的平稳运行和迭代升级，保持了长期可靠的业务运行状态。

首次实现全年不间断运行。新系统采取了友好的功能升级方式，在直连接口上以扩展兼容的方式实现功能迭代，市场成员可按需安排功能升级；在投产方式上将以往的日间投产调整为晚间投产，最大限度减少投产停机对市场的扰动。2024年，票据市场首次实现核心业务系统全年"7天×12小时"不间断运行。

业务功能得到广泛应用。2024年，新系统签发的票据中有超过23%的票据（包）发生分包，全年发生分包近3300万次，平均每张签发票据（包）被分包流转超过1.8次，票据支付功能显著增强。新系统全年自动发起票据到期提示付款共计超过3000万笔，其中绝大部分最迟在当日内以线上清算方式结清票据，显著提高了票据到期兑付效率。

供稿单位：上海票据交易所

执 笔 人：张艳宁 唐 磊

建设票据综合服务平台
赋能实体经济高质量发展

为积极响应市场需求，票交所在中国人民银行的指导下，正积极推进票据综合服务平台（以下简称综服平台）的建设，为企业和金融机构提供基于互联网端的便捷、高效、普惠票据服务，进一步拓宽票据市场服务中小微企业的深度与广度，提升票据服务实体经济的效能。

一、综服平台提供自主注册与自助服务功能，提高票据服务的可得性和普惠性

综服平台充分顺应移动互联网时代的用户习惯与需求，为企业和金融机构提供网页版、小程序、公众号等多种服务端口，并支持用户自主注册与自助使用各类服务功能。这有利于将票据市场服务送达更为广泛的企业群体，降低企业用票门槛，提高票据服务的可得性和普惠性。

一是提供自主自助服务功能。用户可通过PC端或手机端登录平台，按照提示自主完成身份验证、服务协议确认等简单注册流程后，即可使用平台的各项服务功能。

二是支持多终端业务贯通。用户在网页版、小程序、公众号等任一端口办理的业务，均可在其他端口进行查询与续办，满足不同用户群体在多样化场景下的

票据服务需求。

二、综服平台建设和整合多元化服务功能，提高用票便利度

目前企业主要通过其资金结算账户开户行办理票据业务，用票便利度较大程度上依赖开户行的服务水平。若企业在多家银行开立结算账户，需逐家查询才能掌握全部票据信息。综服平台依托票据市场基础设施的数据优势和托管功能，可以为企业和金融机构提供跨账户、全方位、多样化的综合服务功能，有利于提升用票便利度。

一是提供多元化服务功能。综服平台建设和整合了票据账户查询、贴现询价、信息披露等各类服务功能。企业和金融机构在综服平台注册后，即可使用各类服务功能，无须在不同银行或平台间切换和重复注册，满足用户"一点接入、多项办理"的需求，切实提升服务体验。

二是构建跨账户全景查询体系。企业在综服平台完成注册后，可以自主绑定其通过不同参与者服务机构开立的票据账户，一点查询各绑定账户内承兑和持有的票据信息。此外，综服平台还提供票据到期提醒、逾期提醒、冻结提醒等服务，帮助企业及时掌握票据动态，精细化管理票据资产。

三、综服平台利用科技赋能，畅通贴现渠道，缓解企业贴现难、贴现贵问题

票据贴现是中小微企业获得融资的重要方式之一。然而，在实践中，一些中小微企业往往需要联系多家贴现机构、反复提交业务资料、逐一询问比较价格后，才能寻找到合适的贴现渠道，甚至有时因询价范围有限而无法贴现。综服平台支持企业通过互联网自主查看贴现行情、自主询价，有效拓宽企业贴现渠道，缓解贴现难、贴现贵问题。

一是提供贴现价格查询功能。企业可通过综服平台录入简要票据信息，查询各贴现机构报送的当日贴现价格，快速获取价格信息进行多方比价，为用票决策提供参考。

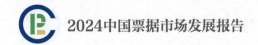

二是支持贴现自主询价。企业可自主挑选其票据账户内的票据，向已接入票交所系统的银行和财务公司等贴现机构发起询价，线上磋商并选择最优报价成交。同时，企业在综服平台一次登记的信息资料，可以在与不同贴现机构办理业务时反复使用。这有利于推进贴现业务从传统的"一对一申请"模式向"一次对接、全市场选择、企业线上自主办理"的场景化贴现模式转变，提升贴现融资效率，缓解企业贴现难、贵、繁问题。

四、结语

综服平台的建设是票交所积极响应市场需求、推动票据市场数字化转型的重要举措。作为票据市场基础设施的重要组成部分，综服平台通过科技赋能与功能创新，有利于提升票据服务的可得性、便利性与普惠性，有效缓解中小微企业融资难、融资贵问题。未来，票交所将继续秉持服务实体经济的宗旨，持续优化平台功能，提升服务质量，进一步打通票据融资的堵点与难点，增强票据市场服务实体经济的能力与质效，为票据市场高质量发展贡献力量。

供稿单位：上海票据交易所

执　笔　人：李　麟　丛龙娇

中国票据业务系统
融合工作圆满完成

2024年7月27日，票交所与票据市场1276家机构参与者勠力同心，紧密合作，圆满完成票据业务系统融合最后一步——数据迁移投产上线工作，票据市场正式迈入一套系统处理纸电票据全生命周期业务的新时代。

一、充分论证，制订系统融合数据迁移方案

为建立稳定、高效、统一的票据业务处理平台，解决票据市场两个系统并行导致的流程复杂、业务成本高等问题，为市场参与者提供更优质的服务，票交所通过深入调研论证，于2017年拟订了纸电票据业务融合的方案、实施路径和工作计划，确定了分数据融合、交易融合和系统融合"三步走"，完成纸电票据业务融合的实施路径。前期，票交所已完成系统融合前两步工作，并于2022年6月投产上线中国票据业务系统，兼容纸电票据的全生命周期业务，开启系统融合进程。

2022年7月，票交所启动系统融合工作关键的最后一步——数据迁移实施方案的研究。票交所充分调研票据市场参与者的实际业务需求，在综合考量系统性能及业务安全性的基础上，力争以最平稳、市场参与者成本最小、后续业务开展最顺畅的方式，实现数据迁移。经过多次工作会议论证与机构调研，最终确定的数据迁移方

案为：将全部已到期的未结清、未失效、未作废存量票据，一次性迁移至票据业务系统办理后续业务，并提供直连及客户端两种迁移后业务办理模式，最大化便利不同体量的市场参与者顺畅开展业务，保障系统融合后票据市场稳定性。科学系统、实践性强、符合参与者诉求的方案，为系统融合的圆满完成奠定了坚实基础。

系统融合数据迁移方案拟订后，票交所于2023年5月、9月分别发布通知，提示市场参与者电票系统签发票据的票面到期日不晚于2023年12月31日。各机构参与者依据通知内容，稳步开展企业客户的指导培训，有序推进存量未结清票据清理工作。同时，票交所面向机构参与者开展多次系统融合培训宣讲，保障市场参与者稳步完成系统过渡。2024年上半年，票据业务系统经过2年的平稳运行和迭代升级后，业务量占全市场票据业务总量的比重已接近100%，在票据市场参与者的积极配合下，开展数据迁移、实现一套系统承载票据市场全部业务的条件已经成熟。

二、周密部署，做好系统融合准备工作

系统融合数据迁移涉及票据业务系统共259个接入点、1276家票据市场机构参与者、60余万张存量票据，具有机构涉及面广、市场影响大、系统改造复杂、实施难度高等特点。为确保数据迁移工作顺利完成，票交所与全市场机构参与者通力合作，周密部署，做好系统功能准备、业务准备及相关制度规则宣导，确保系统融合如期完成。

（一）通力合作，完成内部系统准备

根据数据迁移实施方案，票交所于2023年12月完成数据迁移一期功能的上线工作，并在一期功能的基础上全面优化业务流程，于2024年1月18日正式完成数据迁移二期功能立项，并经积极征求市场意见修改完善后，于3月21日正式向全市场发布《票据业务系统直连接口规范（ECDS迁移票据业务分册）》，机构参与者同步启动系统开发工作。

2024年4月，中国票据业务系统数据迁移功能完成功能开发及功能测试，正式交付票交所业务验收测试团队进行业务验收测试；2024年5月，票交所业务验收测试团

队完成功能初步验证，正式面向全市场机构参与者启动数据迁移功能联调测试及直连报文验收工作。5—7月，票交所业务验收测试团队完成5轮数据迁移、3327个业务验收案例的验证，全市场162个接入点与票交所同步开展系统测试，在联调环境开展5轮数据迁移联调测试，完成ECDS存量数据预埋、数据迁移、迁移票据数据核对及迁移后业务功能验证工作，并完成全部直连接入点的报文验收。2024年7月，机构端及票交所端系统融合数据迁移功能已完成验证，符合上线条件。

为确保市场机构系统功能完备，市场参与者均做好数据迁移投产上线准备，票交所同步组织机构参与者进行投产演练，验证数据迁移功能的稳定性和准确性，帮助市场机构熟悉上线实施步骤。投产演练共得到120个系统接入点、共148家机构参与者的积极配合，2024年6—7月，演练机构开展3轮数据迁移投产演练，使用脱敏后的全量实际生产数据导入投演环境，完成数据迁移并验证后续业务功能，最大化模拟实际投产上线场景。三轮演练累计迁移票据188.87万张，参与演练的机构票据量覆盖存量票据的95%以上，迁移票据信息均核对无误，机构参与者完成验证案例2000余个，演练结果符合业务预期。

（二）确立规范，健全业务制度安排

为帮助市场参与者了解数据迁移完成后迁移票据的业务处理规则，引导企业及机构参与者按照正确流程顺畅办理迁移票据业务，票交所广泛征求市场机构业务需求、法律机构意见，发布《上海票据交易所ECDS数据迁移业务指南》（票交所发〔2024〕60号），明确存量票据迁移规则及迁移后票据业务办理流程，并制定上海票据交易所迁移票据到期业务应急服务操作规程，明确市场参与者迁移后票据应急业务的受理流程，为机构参与者数据迁移后业务开展做好充分的制度安排。相关通知发布后，机构参与者积极配合票交所向企业客户开展相关制度和业务规则的传达宣导，全力做好制度和业务准备。

（三）多管齐下，做好系统融合业务过渡

为最大化减轻数据迁移系统负担，保障持票人追索权益，降低迁移后业务办理方式变更导致的市场参与者操作成本，2023年12月，票交所发布《上海票据交易所关于做好电子商业汇票系统存量未结清票据清理工作的通知》（票交所发〔2023〕83号），按月向机构下发未结清票据清单，督促压降票据数量。通知发布后，票据市场机构参与者积极配合，完成存量票据的结清、企业客户通知及后续业务发起工作。截至2024年7月27日迁移时间点，ECDS存量未结清票据由86.5万张压降至60.39万张，压降数量26.11万张，压降幅度达到30.2%，存量票据清理效果显著，有效降低迁移数据量，提升迁移效率及安全性。

同时，为确保数据迁移业务规则及工作流程能够向全市场参与者落实到位，2023年3—7月，票交所面向票据市场机构参与者及企业参与者，组织开展了10余场线上及线下业务培训，就数据迁移方案、投产演练及接入验收工作安排、上线步骤及注意事项、系统融合后业务开展等方面工作进行详细深入的讲解。系列培训受到市场参与者的积极响应，累计参训人数达到4000余人次，培训中参与者就数据迁移安排踊跃提问，票交所共解答市场参与者问题400余个，有效助力参与者了解系统融合工作安排，保障了数据迁移投产上线的顺利完成。

三、高效实施，圆满完成投产上线各项工作

（一）紧密联络，全面周密做好上线准备

数据迁移系统准备完成后，票交所制订了详细周密的上线方案及上线控制表，并同步制订技术应急处置预案，就数据迁移过程中可能发生的各类极端情况拟订相应处置预案，确保上线过程顺畅有序，风险可控。

同时，市场参与者与票交所建立密切的沟通联络机制，在投产上线前，票据市场全部259个接入点联系人均已加入上线工作联络群中，各参与者根据群内相关通知，积极做好投产上线过程中的功能投产、数据核对、后续业务验证等工作安排，组织行内工作人员合作分工，做好上线准备，并就相关疑难问题及时沟通反映给票交所。

为保障上线顺利完成，存量票据量排名前20的机构参与者配合票交所做好迁移数据提前核对工作准备，并重点进行后续系统功能验证，合力保障上线工作顺利进行。

（二）快速精准，实施上线步骤

2024年7月26日20时，系统融合数据迁移版本投产工作准时启动；7月27日7时，技术版本投产、迁移数据生成、技术核对完成，比原计划提前3个小时；截至7月27日18时，ECDS中存量60.39万张票据已全部顺利迁移至票据业务系统，票据总数、票据信息核对无误，正式启动系统运行准备阶段。7月28日上午，市场机构完成业务功能验证并向票交所报告验证结果无误，75%的机构已完成存量业务下载和内部数据导入，并开始办理提示付款等业务。系统融合数据迁移顺利完成。

7月29日为系统融合数据迁移后的首个工作日，票据市场参与者积极使用新上线的迁移模块功能开展业务，当天迁移模块完成票据提示付款2934笔，金额累计17.27亿元，完成票据追索814笔，金额累计1.78亿元，系统运行平稳，业务处理流程顺畅，ECDS数据迁移投产上线取得圆满成功。

四、面向未来，保障票据市场健康发展

数据迁移的顺利完成，标志着票交所系统融合走完关键性的最后一步，中国票据市场由两套系统并行的状态，正式升级为一套系统处理纸电票据全生命周期业务，票据市场发展进程迈上了新的台阶。下一步，票交所将持续关注系统功能运行情况，全力保障票据市场健康发展。

（一）持续监控，保障系统功能安全稳定运行

系统融合完成后，随着存量ECDS票据全部迁移至票据业务系统，票据业务系统将正式承载纸电票据全生命周期业务功能，预计后续票据业务系统业务量将显著增长，系统性能面临全新挑战。对此，票交所将建立健全风险监控机制，针对系统性能、业务功能、数据准确性进行全方位关注，持续优化系统架构、保障票据业务系统的稳定运行。

（二）加强宣导，有效防范票据市场风险

系统融合统一了票据业务规则和处理方式，大幅便利了票据市场业务开展，但

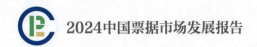

因票据业务系统业务处理与原系统存在细微差别，机构参与者在适应迁移后系统功能期间，预计存在一定的操作成本。对此，票交所将持续通过多种渠道做好市场参与者宣导、业务规则普及工作，密切关注票据市场动态，助力票据业务参与者顺利完成过渡，开启系统融合新时代。

（三）立足长远，提升票据服务实体经济能力

系统融合完成后，票据市场业务流程贯通一致，票据业务数据集中度、整合性大幅提升。未来，票交所将以中国票据业务系统为立足点，优化票据业务规则，提升市场参与者业务体验，探索研究面向票据业务全流程的业务监控、风险预警机制，持续推进票据市场向数字化、智能化、信息化方向发展，提升票据服务实体经济能力，为金融市场稳定繁荣贡献力量。

供稿单位：上海票据交易所

执 笔 人：倪宏侃　崔文琪

持续推进票据信息披露
营造良好信用环境

《规范商业承兑汇票信息披露》（中国人民银行公告〔2020〕第19号）与《商业汇票承兑、贴现与再贴现管理办法》（中国人民银行　中国银行保险监督管理委员会令〔2022〕第4号）实施以来，市场积极响应，信息披露的覆盖面逐步提升，影响力逐步扩大，目前披露率超过98%。商业汇票信息披露制度提升了票据市场透明度，强化了市场化激励约束机制，不仅为持票人提供了风险判断的重要信息参考，而且强化了承兑人到期兑付的市场化约束，承兑人信用意识大幅度提升，票据逾期率明显下降。商业汇票信息披露制度有力促进了票据市场信用体系建设，对推动票据市场高质量发展具有重要而深远的意义。

一、票据信息披露业务稳步推进

（一）业务流程进一步优化，运营服务水平持续提升

2024年，票据信息披露平台先后发布了票据逾期异议申请流程的公告、已逾期票据权利失效日状态票据不纳入信息披露统计范围的通知等内容，进一步明确票据信息披露相关业务办理标准，信息披露业务流程不断优化，运营管理标准化水平提升。全年共受理约4000家用户的各类信息披露业务申请，接听咨询电话3.96万通，及时满足市场需求。

（二）信息披露平台功能不断完善，用户使用体验持续提升

通过调研座谈、培训交流、电话咨询等多种渠道收集用户需求，以用户需求为导向，不断优化平台系统功能。一是新增关注企业功能，用户设置关注企业后，平台将向用户推送关注企业的披露信息，提升用户查询便捷性。二是优化承兑人信用信息查询页面，在信用信息查询结果页面同时展示承兑人已发布的公告，方便查询人综合了解承兑人信用情况。三是增加平台查询验证码，加强系统安全性，提升平台用户体验。

（三）多措并举加强宣介，用户信息披露意识持续提升

2024年，票交所面向金融机构、企业等开展票据信息披露培训宣讲11次，并与人民银行分支行密切合作，共同督促引导企业和机构开展披露，政策普及度不断提高，信息披露制度实施基础不断夯实。截至2024年末，票据信息披露平台累计注册用户约10万家，同比增长20%，其中商业银行1704家，企业与财务公司9.8万家；承兑信息和信用信息披露率均超过98%，票据市场信息透明度进一步提升。

二、票据信息披露成效显著

（一）信息披露制度的风险防范作用日益凸显

商业汇票信息披露制度强化了市场化激励约束机制，企业用票行为明显规范，票据逾期率大幅下降。同时，根据《商业汇票承兑、贴现与再贴现管理办法》，构成持续逾期和延迟披露的企业和金融机构两年内不得新签发票据，其承兑票据也不得办理贴现、质押、保证业务，从而在源头上阻断了出险企业风险的蔓延。

（二）商票周转率和融资率持续提高

2024年末，商票的贴现承兑比[①]为46.42%，较上年末上升5.5个百分点；商票平均贴现利率为3.02%，同比下降27个基点，比信息披露制度实施前的2021年1—7月

---

① 贴现承兑比＝贴现余额/承兑余额。

62

下降128个基点。未贴现商票在企业间的周转率[①]为2次，同比上升41.17%。票据信息披露有效降低了信息不对称，提高了市场透明度，商票流动性和融资比例显著上升。

（三）信息披露制度影响力日益增强

目前商业汇票信息披露结果已被广泛引用、分析和挖掘，相关影响力不断扩大，为社会信用体系构建作出了有益探索。一是票据信息披露已成为票据市场风险防控的重要信息渠道。企业和银行在接受票据前，通常先查询信息披露情况来判断承兑人信用风险。二是信息披露已成为银行内部风险管理的重要参考。部分银行已将票据信息披露结果广泛应用于企业信贷准入、授信审批、贷后管理等，成为银行甄别企业信用风险的先行指标。三是信息披露已对企业评级、公开市场融资产生较大影响，一些企业因信息披露中存在商票逾期导致评级下调。票据信息披露成为企业信用体系评价的重要组成部分，其指标价值不断提升。

三、未来展望

近年来，票据信息披露相关制度深入实施，信息披露对信用环境的优化作用不断显现，票据市场信用体系建设不断健全。未来，票交所将继续扎实推进票据信息披露，加强政策宣介和业务推广，进一步优化业务处理流程，持续完善信息披露平台功能，从而强化政策实施效果，发挥好票据服务实体经济的作用。

供稿单位：上海票据交易所

执 笔 人：王绍兴　王　亮　杨　扬

---

① 未贴现商票的周转率 = 未贴现商票全年商票背书金额/期末未到期且未贴现的余额。

筑基推新　数智驱动
"票据好管家"全面提升服务企业质效

近年来，票交所为加快全国统一票据市场建设，制定了纸电票据业务融合战略。2024年7月，票交所完成了原有电子商业汇票系统的数据迁移，电子商业汇票系统正式下线，中国票据市场由两套系统并行的状态，正式升级为一套系统处理纸电票据全生命周期业务，票据市场发展进程迈上了新的台阶。

在票交所引领下，宁波银行紧跟步伐，借中国票据业务系统建设契机，同步建设行内新一代票据业务系统（以下简称新系统），2022年8月作为首批机构直连接入中国票据业务系统。经过两年多的打磨，新系统备案客户数和业务量稳步提升，助力普惠金融发展，提升服务经济质效。

一、筑根基，重塑新系统技术升级

票交所公布中国票据业务系统建设方案后，宁波银行组织多部门跨条线科学评估新系统项目实施方案，考虑到票据分包流转的特性，大幅增长的票据张数、业务笔数、报文处理数和并发数将对系统稳定性提出很大的挑战，决定以此次系统建设为契机，加大自研投入，重新构建宁波银行新一代票据业务系统。

（一）前沿技术研创，提高票据综合服务能力

宁波银行新系统自主研发、设计，采用前倾分层思想，划分出面客层、产品层、基础层三层架构；践行"中台"理念，搭建企业票据中心、同业票据中心、票据基础平台、票据管理系统四大中台，聚焦企业经营支撑、同业交易提效、报文处理对账、内控管理赋能，应对新时期产品快速更迭与专业化经营需求；依托分布式微服务架构、领域设计、微前端等金融科技新技术，实现票据服务"平台化、线上化、场景化、智能化"，提升客户的服务体验，提高票据综合服务能力；预留了分库分表架构，支撑未来亿级票量，保证数据安全性的同时提高系统的并发处理能力。

（二）风险控制能力增强，保障票据业务安全长效发展

一是高可用的分布式架构。新系统服务采用分布式、微服务的集群方式进行部署，实现系统的弹性扩缩，提升系统并发处理能力、通过分库和自身负载均衡确保系统运行稳定性，在提供高效的服务情况下能有效消除单点故障风险，确保系统"7×24小时"不间断运行。

二是完善的异常处理机制。平台支持微服务独立部署，实现故障物理自主隔离；采用异步处理结合统一查证，在系统超时或异常场景下具有稳定高效的处理机制。

三是全面的业务风险控制。综合黑白灰、反欺诈、反洗钱等各类风控信息，实现票据交易的事中阻断、预警和事后分析、跟踪和处理功能，保障企业资金安全。

（三）商业模式支撑，迅速响应业务需求

新系统全面支撑新的商业模式落地，服务实体经济和地方经济。提供灵活的产品配置，缩短上线周期，实现统一流程的个性化定制，快速响应个性化、场景化的金融需求，增强了票据综合金融服务能力，促进实体经济和地方经济快速发展。

二、"借东风"，发挥票交所创新功能优势

中国票据业务系统是票交所引领的重大创新，创新票据"找零支付"功能、统一贴现前后的提示付款规则、引入企业信息备案等功能，进一步降低企业成本、强

化用票安全，助力票据市场服务升级。宁波银行将此作为升级票据服务能力的重大机遇，借助并强化"找零支付"等票交所新功能优势，为实体企业提供更优质的票据业务服务。

（一）"找零支付"，提升结算效率

票据的"找零支付"，即用票企业签发以1分钱电票组成的票据包，持票企业在背书、质押、贴现等业务环节，可以按实际金额分包使用，想付多少就付多少，打破了传统票据的票面金额与实际结算金额不匹配的桎梏，增加了票据的流通性和便捷性，票据的结算属性增强、流通能力提升。

以苏州某企业为例，其收到的通常是大面额票，新系统上线前需要通过质押大票换开小票功能将大票拆散成小票支付给多个供应商，新系统上线后，企业直接使用分包背书功能，只需输入背书金额就能按需支付了，没有任何成本支出，也不需要办理其他手续。而当企业需要支付水费、电费，缴纳税费以及临时现金付款时，如果没有足够的流动资金，可以使用分包贴现来应急，想贴多少就贴多少，最大限度地节约财务成本支出。对于企业同时将票据支付给多个供应商的需求，宁波银行借助金融科技手段，研发同时分包背书功能，实现"一背多、多背多"的同时批量分包背书，强化了"找零支付"优势，帮助企业提升结算效率。

（二）统一提示付款流程，提升兑付效率

票交所统一提示付款流程，实现了票据到期处理全流程自动化，避免操作风险，提升兑付效率。新系统上线前，只有贴现过的票据到期，系统才会自动发起提示付款，未贴现票据到期需要企业手动发起提示付款，如果企业错过提示付款期，后续只能追索出票人和承兑人，票据权利因此受损。新系统上线后，无论贴现前后的业务，所有票据到期都实现自动发起提示付款，银票自动应答，商票手动应答且不应答情况下日终自动拒付，避免了持票企业因忘记或操作失误引发的资金滞后到账风险，帮助企业减轻操作负担，同时避免出现"未提示""未应答"等带来的纠纷隐患，保障承兑人怠于应答时持票人的权利，进一步规范了票据市场秩序。

而对于承兑人，如果企业在到期当日未进行兑付，将造成逾期，甚至影响企业

信用。宁波银行为企业提供的"商票到期代理应答"功能，避免在企业因资金足够的情况下，未及时操作付款签收造成票据逾期，避免非信用原因导致的逾期。

三、树风标，打造"票据好管家"品牌

2018年宁波银行推出"票据好管家"，立足于企业需求和市场变化，以票据生命周期为主线，以资产统筹管理为核心，根据实际场景为企业客户提供一揽子票据金融服务和企业资产管理方案。近年来，围绕企业需求，持续打磨，全面优化升级，在智能化、数字化、移动化建设方面打造全新的票据产品服务体系，提供最佳服务体验。

（一）智能电票，体验极致服务

企业对票据收付往往有选择性，同时对票据操作时效性要求高，宁波银行智能电票功能实现开、付、收智能处理，为企业提供高效、便捷的票据服务，提升财务人员工作效率。极速开票，将出票申请、承兑申请、提示收款人收票操作三合一，简化开票流程。智能背书，企业仅需填写背书总金额，设置票据挑选策略，系统智能挑票、推荐最优组合，企业确认无误后直接批量背书。智能签收，企业自主设定收票规则、黑白名单，系统自动签收或拒收，无须人工操作；对于签收票据中存在回头背书等特殊情况时，系统自动提示风险。

（二）数字化建设，共创银企互联生态

随着业务财务一体化趋势的不断加速，以及票据分包流转使得票据交易和台账管理的难度进一步提升，企业不仅把资金纳入数字化管理，更希望将票据融入内部生态，提升集团票据管理效率。宁波银行通过数字化建设，推出财资大管家票据API接口，聚合多银行交易，企业内部系统一次接入，即可实现与多家银行票据业务打通。企业在内部系统界面可直接操作出票、背书、收票、贴现等业务，将票据资产融入内部生态，实现业务、财务、资金一体化处理。

绍兴某企业主营机电设备、中央空调设备，销售近4亿元，主要以票据结算，

客户销售人员业绩计提以收到销售货款为准，而企业结算以票据为主，故销售人员时常线下向财务人员询问是否收到经销商支付票据。企业与宁波银行开展票据直连后，借助数据连接器，将企业收到票据信息实时推送至钉钉工作群中，方便销售人员及时了解收票进度，减少沟通成本，提高工作效率。

（三）提升移动端服务能力

随着移动技术的普及和企业办公场景的拓展，宁波银行深度挖掘票据业务发展新空间，打造手机银行APP"票据好管家"专区，实现开票、收票、背书、贴现、托收等功能全覆盖。依靠数据驱动、科技赋能、流程再造，定制专属服务、提升交互体验、打造协同闭环，实现企业网银和手机银行APP双终端互联互通，打破数据隔离，企业可足不出户随时随地办理票据业务，为企业打造更简单、更便捷、更及时、更智能的一站式票据服务，提升企业票据交易体验，精准满足企业移动金融需求。

针对企业财务负责人出差较多，电脑随身携带不方便，审批业务不够及时的痛点，宁波银行推出APP"复核"功能，方便财务负责人随时复核业务，保障业务的流畅性和高效性。针对企业法人长期在外地，经常有企业资金情况实时查询的需求，宁波银行推出APP"票据综合查询"功能，方便随时查看企业资金动向，进行财务管理。

四、广推票据，专业团队保驾护航

为引导企业使用新系统提升用票体验，宁波银行一方面重视客户体验，不断优化升级业务流程和产品体系；另一方面，通过行内外各个渠道加大力度推广新系统。

一是加强内部培训。总行梳理宣贯材料、操作手册和营销话术，对票据项目经理和业务人员普及新系统的功能和优势，并开展理论知识和系统实操考试以及营销话术过关，要求票据项目经理和业务人员掌握新系统知识，提升对客服务质量，为企业客户提供新系统的指导和票据金融服务。

二是积极对客宣贯。一方面，用好互联网渠道进行宣传，制作海报、文章、视频等宣传物料，通过公众号、微信视频号、朋友圈等多渠道开展多轮次、深层次宣传；同时利用直播开展宣贯，如邀请票据专家来直播间为企业普及中国票据业务系统知识及应用。另一方面，走进企业，与企业面对面交流，开展路演、"圆桌派"等宣介活动，让企业懂票据、会用票、想用票，打通用票支付"最后一公里"。

三是强大团队，极致服务。宁波银行时刻关注企业客户需求和用票体验，广泛收集企业对新系统的意见建议，定期开展专项业务回顾，不断优化系统，使企业从功能开通到业务办理全流程的线上化服务体验达到极致。当企业在业务方面遇到任何问题，业务人员及时解答，而对于疑难问题，总分行票据部联合总行科技部组建专业团队，提供专业、准确、实时的总行级运维咨询服务，助力企业顺利开展票据业务。

展望未来，伴随着云计算、大数据、人工智能、区块链等金融科技快速发展，宁波银行持续践行国家普惠金融工作要求，以金融科技为动力，以票据产品精准滴灌，不断探索并利用新技术，丰富票据产品、优化用票体验、紧跟票交所创新步伐，提升票据业务的智能化、便捷化水平，为企业提供有质有量的票据金融服务。用实际行动肩负起支持民营小微企业的社会责任，为构建新发展格局贡献力量。

供稿单位：宁波银行

执 笔 人：洪 荣 尹 欢 闵海丽

第三部分

CHAPTER 3

票据市场做好金融
"五篇大文章"

做好票据市场"五篇大文章"
助力实体经济高质量发展

中央金融工作会议提出"做好科技金融、绿色金融、普惠金融、养老金融、数字金融'五篇大文章'",为新时代金融工作提供了根本遵循,也为票据市场实现高质量发展提供了行动指南。人民银行多次强调应完善全链条全生命周期、多元化接力式的金融服务体系,而票据正是体系中的重要一环。近年来,票交所积极服务国家总体战略布局,引导市场机构加大重点领域金融支持力度,提升票据服务实体经济高质量发展能力。

一、票据服务提升科技企业创新活力

科技创新企业中的中小微企业占比高,且大多处于初创期、成长期,规模小、抵押品少、公司治理尚不完善,较难获得传统渠道融资支持;同时,科技行业高投入、高风险、高成本的经营特点,使得科技企业融资的信用风险溢价较高。而票据自带贸易背景信息流,通过数据赋能降低了融资门槛;票据还具有信用叠加机制,可以降低信用风险溢价,在一定程度上缓解了科技企业"融资贵"问题,这使得票据在科技企业中得到广泛的应用。

票交所建设新一代中国票据业务系统,实现了金融机构对企业科技信息的便利登记功能，有效引导资金流向。与此同时，市场机构不断创新产品、优化流程，提升科技企业票据融资体验，实现对科技企业的精准滴灌。2024年，科技服务业和信息传输业用票金额达到14.8万亿元和4.0万亿元，同比增长142.7%和47.0%，均高于全市场平均增速。

二、绿色票据标识推动实体经济低碳转型

传统绿色金融产品规模大、成本高、需要专业金融机构辅助，适合资质较好的大型企业，难以覆盖绿色产业链条上的广大中小微企业。而绿色票据门槛低、可获得性高，手续简单快捷，更好地契合了企业短期、高频的融资需求，同时票据与实体经济关联度高、业务链条长，能够便捷确认相关经济活动的绿色属性，并覆盖供应链上多个场景，深入产业的毛细血管，有助于最大限度实现金融支持绿色低碳发展的政策导向。

近年来，票交所和市场机构积极推进绿色票据工作，使之成为服务绿色发展的重要抓手。票交所持续做好再贴现业务系统运营，及时推出绿色票据信息登记功能并做好运行维护，支持市场机构对已贴现票据的绿色信息进行登记，助力人民银行分支机构在办理再贴现业务时定向支持绿色票据，提高了人民银行绿色票据再贴现操作效率，引导资金流向绿色企业，以金融科技赋能绿色企业健康发展。市场机构紧跟政策指引，在绿色票据信息登记功能的帮助下，积极开发绿色票据产品，持续加大绿色票据优惠力度，将低成本优质资金源源不断地输送至绿色企业，助力解决绿色企业融资困难，进一步提高绿色金融服务水平。

三、票据普惠属性为中小微企业融资纾困

中小微企业融资需求呈现"短期、小额、高频、急切"的特征，又由于其信息不对称、缺乏抵押物、资产规模小等特点，通过银行贷款等渠道融资的可得性较低、成本较高。票据融资手续简单快捷，无论是签发还是贴现票据，一般在当日或次日即可办理获得资金支持；票据融资成本较低，2024年票据贴现加权平均利率为

1.51%，较1年期LPR均值低183个基点，显著优于一般贷款；此外，新一代票据业务系统推出票据找零支付功能，进一步便利了企业持票对外背书支付。票据的上述特点高度契合中小微企业需求，深受中小微企业的青睐，也成为票交所和市场机构服务普惠金融的重要抓手。2024年中小微企业用票家数达到345.9万户，用票金额108.2万亿元，分别占全市场的98.2%和78.1%。

票交所充分运用票据普惠属性，围绕票据全生命周期进行业务创新，更好服务中小微企业。在签发端推出供应链票据，促进企业应收账款的规范化和标准化。2024年，供应链票据业务规模4366.91亿元，其中，中小微企业用票金额1626.13亿元，在企业用票金额中占比近七成。在支付端推广"票付通"业务，为企业提供安全、便捷、高效的线上账期支付工具。2024年，中小微企业通过"票付通"完成票据支付156.72亿元，占比近七成。在贴现端推进"贴现通"业务，实现待贴现票据和待投放资金的精准匹配，提升中小微企业票据融资的获得感。2024年，中小微企业通过"贴现通"达成贴现1188.43亿元，占比超过四分之三。与此同时，市场机构也发挥票据普惠特性，为中小微企业提供票据服务，提升中小微企业用票体验，降低中小微企业融资成本。

四、养老票据实践探索银发经济服务路径

银发经济事关国家发展全局和亿万人民福祉，养老金融是服务银发经济发展的金融实践。随着老龄化社会的加速到来和相关政策的进一步完善，养老金融需求日益增长。票据作为一种兼具支付和融资功能、使用便利的金融工具，在养老金融领域大有可为。

票交所积极挖掘票据在养老金融中的应用场景，探索票据服务养老金融新路径，广泛开展市场调研，引导市场机构以"优先对接+优惠利率"实现对养老产业的精准高效支持。市场机构聚焦养老产业金融需求，探索票据服务养老社区和康养产业等服务场景，为养老产业上下游企业定制更加契合的票据融资方案，取得积极成效。

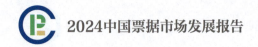

五、票据数字化建设全面升级用票体验

伴随票交所的成立与建设，票据市场从区域分割、信息不透明、以纸质票据和线下操作为主的传统市场向全国统一、安全高效、电子化的现代市场转型。票据全面迈入电子化时代，企业开展各项票据业务的便捷度显著提升，为票交所和市场机构做好票据服务数字金融大文章营造了良好环境。

票交所投产上线新一代票据业务系统，做到一个业务系统兼容纸电票据全生命周期业务，并实现票据分包流转等功能，更好满足了实体企业和市场机构多样化、全链条的业务需求。此外，票交所正全面稳妥地推进基于互联网端的票据综合服务平台建设，通过"移动互联网+数字赋能"，为更多的用票企业提供优质服务。市场机构则以数据要素和数据技术为关键驱动，以数字化智能化赋能票据业务发展，营造票据服务数字金融新生态。

未来，票交所将进一步用好票据业务优势，引导票据市场继续做好金融"五篇大文章"。在科技金融服务方面，提升科技企业票据服务水平，为科技创新活动持续注入金融动能；在绿色金融服务方面，配合人民银行出台绿色票据认定标准，引导市场机构支持绿色低碳转型；在普惠金融服务方面，继续发挥好票据普惠属性，为中小微企业提供高质量普惠金融服务；在养老金融服务方面，探索拓展票据产品的应用场景，丰富养老金融领域票据服务实践；在数字金融服务方面，构建安全高效系统体系，优化系统功能建设，持续提升票据使用体验。

供稿单位：上海票据交易所

执　笔　人：李　麟　李智康　张婕珂

发挥票据业务优势
做好金融"五篇大文章"

　　2024年，工商银行认真贯彻中央经济工作会议、中央金融工作会议精神，围绕"维稳战略压舱石、服务五篇大文章"，做优做专制造业金融主责主业，将"专精特新"、科技创新、绿色低碳、乡村振兴等领域作为服务新质生产力的发展重点，并取得积极进展。2024年，工商银行票据贴现量超过3.7万亿元，同比增加近1万亿元，增幅达36%。全市场占比超过12%，连续八年居全市场第一位，彰显了"工银票据"服务实体经济的大行地位与使命担当。

一、做好票据服务科技金融大文章，为新质生产力注入新动能

　　工商银行围绕做好科技金融大文章，以科技型企业为目标服务对象，先后研发推出"专精特享贴"和"科技创享贴"票据创新项目，积极打造票据金融新优势，切实服务新质生产力发展。"科技创享贴"是工商银行围绕科技型企业融资需求首创推出的专属票据服务产品，从对客端网银系统和对内业务操作系统两个维度，规划智慧营销、分类管理、流程效率、专属体验四大类多项功能，对外服务客户、对内赋能员工，突出票据灵活、高效、安全、便捷的支付结算与投融资属性，形成"初创—成长—成熟"的科技型企业全生命周期票据服务方案，为票据

业务支持科技型企业发展提供有力抓手。2024年以来，工商银行"科技创享贴"累计贴现量近1万亿元。"专精特享贴"是为"专精特新"企业提供的专属服务创新项目，为"专精特新"企业"描绘"专属画像，实现相关企业标识的快速、清晰化展现，新增专属报价策略设置功能，提高差异化管理颗粒度与灵活性。2024年，工商银行"专精特享贴"贴现量累计近3000亿元。

二、做好票据服务绿色金融大文章，助力经济高质量发展

2024年，为积极发展绿色票据业务，做好绿色金融大文章，助力经济高质量发展，工商银行要求各分支机构主动加强与当地人民银行的沟通，及时掌握绿色票据的政策要求，积极争取再贴现额度，并根据绿色再贴现办理条件，有针对性地筛选客户，精准对接符合条件的融资需求，引导客户通过办理"直贴＋再贴现"降低融资成本，精准支持绿色低碳企业发展。2024年，为积极贯彻落实中央金融工作会议精神，探索践行绿色可持续发展理念的新方式、新路径，工商银行在2021年推出的绿色票据贴现统一品牌"工银i绿贴"的基础上，升级上线"工银i绿贴Pro"，以符合国家鼓励支持条件的绿色产业客户为服务目标，进一步发挥票据服务社会经济全面绿色转型功能优势，做优做好绿色金融大文章。2024年，工商银行票据业务为绿色行业近2000家企业提供了绿色票据贴现量3000余亿元。

三、做好票据服务普惠金融大文章，践行金融的政治性、人民性

中央提出金融的人民性论断，揭示了我国发展普惠金融的目的和必要性。为积极践行票据业务政治性、人民性要求，2024年工商银行票据业务持续推动客户结构多元化，扩大票据业务服务覆盖的行业、企业范围，提升票据服务的功能性。一是持续优化制造业票据客户结构，充分挖掘全行信贷客户票据业务潜力，不断提升制造业票据业务占比和信贷结构调整能力。二是优化票据精准支持民营中小企业的贴现业务客户结构，进一步丰富民营中小企业金融产品供给和服务对接。三是随着"专精特新"中小企业快速发展，抢占"专精特新"中小企业票据业务先发优势。

2024年，工商银行在既有乡村振兴产品"工银兴农贴"的基础上，运用数字技术迭代研发"兴农贴·一点通"功能，实现兴农贴移动端场景向手机端票据产品线的整体引流，提升涉农客户线上票据服务可得性与便利性。"兴农贴·一点通"为工商银行研发推出的全市场首个链式服务涉农产业的票据创新产品，依托工商银行成熟乡村振兴平台兴农通APP，于APP"兴农贴"专区中部署一键跳转功能键，客户点击功能键即可直接跳转至工商银行企业手机银行APP，可从兴农通APP直接发起贴现准入申请，并应用"手机端票据产品线建设项目"的各项移动端票据服务，业务办理路径与时长缩短了90%，有效提升对涉农客户的票据业务触达效能。

四、做好票据服务养老金融大文章，拓展票据业务服务新领域

随着老龄化社会的加速到来，养老金融需求日益增长。而票据作为一种具有支付功能、融资属性和便利性的金融工具，在养老金融领域大有可为。2024年，工商银行着力创新打造"康养票据"新产品，积极探索票据服务养老金融新路径，做好养老金融大文章。"康养票据"产品通过聚焦健康产业、养老产业及银发经济客群的金融需求，深度挖掘和拓展票据产品应用场景，为康养领域企业提供定制化票据金融服务方案，持续强化票据产品创新与国家战略布局深度融合，以实际行动践行做优养老金融大文章，赋能康养实体经济长期可持续发展，助推打造养老产业金融综合服务生态体系。2024年，工商银行票据业务累计实现康养票据贴现量近400亿元。

五、做好票据数字金融大文章，有效提升服务实体经济新能级

数字经济已经成为引领全球经济增长的新动力和竞争焦点，而数字金融对数字经济整体发展起着至关重要的推动作用，也为商业银行提供了降低成本、增加收入、转型升级的有效途径。票据服务作为金融市场中重要的组成部分，为数字金融的发展提供了新动能。2024年，工商银行积极推动票据业务数字化转型，通过产品体系数字化、服务体验人性化、营销渠道线上化、业务生态平台化、风险防控智能

化，全面提升服务能力、触达能力、风控能力、运营能力"四个能力"。在产品体系数字化方面，贯通工商银行企业手机银行、企业网银、微信小程序三大线上运营渠道，实现票据金融服务云端整体触达。在服务体验人性化方面，推动大模型能力应用和建设，开展了制度检索、智能问答等智能体应用场景建设，为实体企业客户提供更优质、更安全、更易用的票据产品服务。在营销渠道线上化方面，构建数字化运营体系，升级投产数字化运营"识客"功能集，深度融入全行对公条线数字化运营体系。在业务生态平台化方面，基于"一点接入"式票据服务新需求，将票据全生命周期产品嵌入平台企业客户各类生产经营场景，通过平台办理一站式票据融资等服务。在风险防控智能化方面，利用行内企业级金融知识图谱和大数据技术，研发实施票据贴现后资金流向跟踪监测创新项目，实现贴现后资金流水异常情况的自动化监测和逐笔跟踪查询；为贴现客户建立发票票夹，系统自动归集至客户电子票夹并完成真实性核验，实现发票集约化管理。

未来，做好金融"五篇大文章"仍是我国金融高质量发展的需要，也是商业银行今后一段时期的发展重点。工商银行将进一步发挥票据业务优势，服务好金融"五篇大文章"。在科技金融服务方面，通过顶层设计与创新布局，深挖票据潜能；在绿色金融服务方面，紧扣战略布局，构建绿色票据多元服务组合；在普惠金融服务方面，依托数字化渠道对接线上场景，提供高质量普惠金融服务；在养老金融服务方面，拓展票据产品的应用场景，为康养产业领域企业提供定制化票据金融服务方案；在数字金融服务方面，以数据、技术双要素驱动，加速业务模式、管理模式的创新和重塑，实现票据经营机构技术、业务架构升级和创新发展，积极推动票据服务实体经济高质量发展。

供稿单位：中国工商银行

执 笔 人：高丽丽　汪小政

创新驱动
票据业务助推普惠金融发展

2023年10月，中央金融工作会议提出的金融"五篇大文章"，是聚焦金融服务实体经济、探索中国特色金融发展路径、实现金融强国目标的具体战略，也为金融机构业务发展指明了方向。招商银行积极响应并深入贯彻落实国家发展战略，充分发挥票据业务优势，以"小"票据助力"大"战略，推动提升金融服务实体经济质效，在服务中小微企业融资等金融重点领域取得较好成效，以实际行动诠释了新时代金融机构的使命与担当。

一、招商银行票据业务服务中小微企业实践

招商银行深入贯彻落实中央经济工作会议精神与中央金融工作会议精神，坚持金融初心，扎实做好金融"五篇大文章"，按照人民银行、国家金融监督管理总局等管理部门政策导向，并在票交所指导下，积极做好贴现通、票付通、供应链票据、新一代票据业务系统等重点产品落地推广工作；高度重视票据服务中小微企业工作，充分发挥票据业务门槛较低、兼顾支付与融资双重属性、法律关系明晰、融资成本较低与电子化程度高等多重优势，以金融科技为抓手，持续创新迭代行内系统流程，不断提升实体企业用票体验，取得了较好的成效。

2024年，招商银行贴现业务量达2.57万亿元，同比增长36%。其中，中小微企业贴现量1.82万亿元，同比增长37%，中小微贴现客户5.53万户，同比增长30%；中小微企业在线贴现量1926亿元，同比增长15%，中小微在线贴现客户2.23万户，同比增长72%。2024年，招商银行再贴现业务量达2318亿元，年末再贴现余额803亿元，在通过再贴现业务缓解中小微企业融资难、融资贵方面发挥了较好作用。

二、招商银行票据服务普惠金融特色体系

（一）战略布局，打造票据一体化普惠金融服务体系

票据业务是招商银行重要战略业务之一，也是当前践行金融工作政治性、人民性，做好金融"五篇大文章"、提升服务实体经济质效、助力重点领域金融发展的重要抓手之一。2016年，招商银行在全市场率先推行票据全产品一体化，成为市场上首家将结算、承兑、贴现、票据池、质押、转贴现、再贴现等票据类产品全部统筹到一个部门管理的大中型商业银行，为企业一站式提供覆盖票据全生命周期的产品。在服务模式上，总分行均率先组建独立的票据业务管理团队，高效、全面响应客户个性化票据业务需求。在风险管理上，建立了覆盖票据全生命周期的全面风险管理体系；在战略定位上，将票据业务与批发客户分层分类经营体系紧密融合；在经营管理上，加强客户准入、大力去除中介，保证票据融资切切实实用于支持实体经济。

（二）创新驱动，提升票据服务中小微企业质效

基于票据服务实体经济的功能和效力，招商银行在充分利用金融科技的基础上，从战略、产品、服务等多个方面入手，创新推出了"票据大管家"和"商票通"两大品牌，并包含一系列票据结算融资产品。招商银行在同业中率先进行产品整合，通过"票据大管家"为企业提供出票、承兑、背书转让、收票、贴现、质押、委托收款、分析报表、风险防控等一站式综合性服务。针对企业商票用票需求，首创推出"商票通"产品，不仅为企业客户提供了一揽子商票融资产品，还首创了商票业务"全国服务一家"机制，打破了地域限制。目前多个大型企业开出的商

票的持票人均可在招商银行任意一家分行办理贴现，商票融资的放款时长从普遍半天缩短到1~3分钟。2024年招商银行商票贴现发生额超过3000亿元，有效通过"1"端信用输出满足超万家"N"端客户融资诉求，其中中小微企业家数占比超过90%。

接入新一代票据业务系统后，招商银行聚焦客户用票体验创新推出新一代票据大管家，率先为来自能源、消费电子、交通运输等不同行业的企业提供更优质的"找零支付""一体化风控体系""票据到期自动处理"等功能服务。招商银行还利用金融科技，在行业内率先推出"网银在线贴现""手机APP在线贴现"，首批上线"贴现通"跨平台贴现，实现无人工干预下分秒放款，让企业随时随地通过票据贴现实现融资。招商银行凭借多年积淀下来的票据服务能力，不断增强金融服务中小微企业质效，持续提升中小企业供应链运转效率，推动票据业务回归服务实体经济的本源。

（三）精准滴灌，助力降低中小微企业融资成本

一是行内资源支持。为发挥票据服务中小微企业融资优势，招商银行在资金、风险资产等资源配置上主动向票据业务倾斜，并在考核层面也将票据业务相关内容纳入，2024年末，招商银行票据业务融资余额达到3801亿元。二是再贴现精准滴灌。招商银行高度重视再贴现货币政策精准滴灌作用，利用金融科技为货币政策传导赋能，开发"在线微票通"产品，以在线贴现产品对接再贴现，提升货币政策传导的效率，该产品获得2018年深圳市金融创新一等奖。2024年末，招商银行再贴现余额803亿元，在助力降低企业融资成本方面发挥了较好作用。如某复合材料股份有限公司为长三角区域民营企业，受产品销量下滑等因素的影响，企业经营压力增大，企业急需融资来补充流动资金以维持运作，在人民银行出台扶持科创和民营企业政策、为科创类企业和民营企业提供再贴现专项额度后，属地招商银行积极将相关政策和要点传达给企业，为客户提供了优惠的票据融资2500万元，平均贴现利率约为1.2%，远低于1年期贷款利率，为企业补充了日常经营所需的流动资金。三是承兑减费让利。招商银行积极响应中国银行业协会《关于调整银行部分服务价格提升服务质效的倡议书》，严格执行承兑业务承兑手续费不超过万分之五的要求，助力降低企业融资成本。2024年，招商银行承兑业务量1.21万亿元，同比增加1673亿元，在降低

对企业收取承兑手续费的同时,进一步满足企业开票需求,助力企业经营发展。

(四)科技赋能,为企业输出数字化风控能力

秉承全面风险管理理念,招商银行持续完善制度框架,优化票据业务流程,建立覆盖票据全产品的动态管理制度,利用大数据风险防控技术,结合"定性+定量"的风险管理方法,形成"事前+事中+事后"全面风险管理机制,主动承担协助客户风险防范的责任,为企业尤其是中小微企业输出数字化票据业务风控能力,帮助中小微企业识别并防范票据风险,有效避免了中小微企业遭受外部票据风险。

基于当前金融市场的监管形势要求、票据市场产品创新迭代和业务流程的变化,招商银行率先构建基于大数据的风险识别、预警和监控机制,通过大数据风控技术精准捕捉票据业务的违规操作行为和风险苗头,并基于大数据的票据业务非现场监测预警技术,整合业务系统数据,将风险管理的要求、经验、逻辑转换为量化数据模型。一是通过完善票据业务系统控制引擎、风险监测模型,及时识别、堵塞非法中介及不法分子通过招商银行网银签发虚假票据流入市场实施欺诈的行为,不断净化用票环境,确保中小微企业收票、背书转让等票据行为的安全便捷。二是对接多个内外部系统,通过连接反洗钱系统、风险门户、工商信息、账户系统等对票据相关主体进行校验,向正在使用票据的客户进行风险信息实时提示。三是向中小微企业输出公示催告、挂失止付等风险信息,并支持持票客户查询票据信用主体的信用信息。四是推出票据到期自动托收功能,避免中小微企业因忘记票据到期发起托收操作而形成的权利丧失及逾期问题。

三、应收账款票据化背景下,票据服务普惠金融大有可为

由于应收账款不具有确权效果,其流转过程中对于原始债务人约束往往较弱,而中小微企业在供应链中议价谈判时往往处于弱势地位,特别是工业企业涉及生产、销售、回款等多个环节,研发、生产周期普遍偏长,账期不匹配造成的资金短缺是中小微企业存在的普遍问题,容易发生赖账、拖欠等情况。随着票据市场从"纸票时代""电票时代",进入新一代票据业务系统3.0时代,票据的流通性和便

捷性增强，更多位于产业链尾端的中小微企业成为持票人，用票将呈现出"小额化、高频化、线上化"的特征，并加快优质企业信用在票据链条上迁徙至中小微企业，进而有效缓解供应链末梢中小微企业融资难、融资贵的问题。因此，在应收账款票据化背景下，各金融机构需加大对票据的推广使用，重视票据业务的发展，从而推动普惠金融工作开展，更好地为中小企业服务。

展望未来，票据市场将在供应链票据、科技创新、普惠金融、"三农"服务等方面加强产品和服务方式创新，更好服务实体经济尤其是中小微企业。招商银行作为票据市场重要参与者，将继续在人民银行和票交所的带领下，围绕中小微企业票据业务需求，牢牢控制实质风险，充分利用金融科技进行票据产品创新，并通过不断优化供应链票据、找零支付等票据产品和功能，提高中小微企业应收账款周转率和融资可得性，全面提升招商银行票据业务服务普惠金融能力，支持供应链金融规范发展。

供稿单位：招商银行
执 笔 人：李　唯　李海滨　杨　帆　詹佳燃　林元吉　方雄平

提升数字化能力
做实票据"五篇大文章"

2023年10月，中央金融工作会议首次提出做好金融"五篇大文章"，推动我国金融高质量发展。票据作为金融市场服务实体经济的重要产品，在服务金融"五篇大文章"中大有可为。浦发银行以提升数字化能力为抓手，不断完善票据服务体系、拓展产品应用空间、强化资源保障服务，书写好票据市场的"五篇大文章"。

一、浦发银行票据服务"五篇大文章"的发展路径

数字金融作为新兴数字技术与传统金融服务的融合业态，是支持金融机构提升金融"五篇大文章"服务质效的重要途径，也是浦发银行在数字经济时代服务科技金融、绿色金融、普惠金融等关键领域的发力方向。浦发银行以数据要素和数据技术为关键驱动，加快推进数智化战略，创立"智慧票据"特色品牌，建设集智慧拓客、智慧服务、智慧监控、智慧管理于一体的功能体系，数智赋能票据业务发展，积极探索票据服务"五篇大文章"新生态。

（一）智慧拓客，以大数据全量挖掘筑牢批量拓客基础

浦发银行运用知识图谱推理、协同过滤模型、社交网络分析等智能算法策略，

构建多维度、立体化的票据客户画像；整合产品策略、定价策略和获客策略等，将标准化与个性化产品设计相结合，灵活满足客户需求；构建客户生命周期管理体系，建立潜在客户识别管理、已有客户业务提升、沉睡唤醒及流失预警等主题场景。浦发银行以大数据技术为驱动，寻找锚定客群，并通过银票贴现直接引流新客，引导客户与浦发银行建立结算之外的融资关系，延伸授信，进而建立客户培养通道。智慧拓客还具备营销任务实时跟踪与线上管理功能，进一步提升了营销推送任务的精准度和数字化、线上化、智能化水平。

（二）智慧服务，营造丰富的产品服务体系

浦发银行完善票据服务矩阵，持续打磨"浦银 e 贴"数字产品，为客户提供线上化、定制化、移动化的票据贴现服务，切实提高对实体企业的服务质量。一是支持全流程线上化贴现，贴现全面提速，并在提供通用贴现服务的基础上，区分业务场景进行产品定制，满足企业个性化需求。二是针对小微企业数量多、银行客户经理难以为所有企业同时进行日常贴现报价与问题解答的痛点，浦发银行推出移动端服务平台，提高对小微企业等长尾客户的触达服务频次，该平台与贴现业务流程有机结合，提供在线产品介绍、贴现报价与票据专家咨询功能，全方位提升客户体验。

（三）智慧监控，运用数字化工具筑牢防线

一是浦发银行总结企业资金支付结算和票据业务收付行为特征，运用大数据技术、智能化算法分析，综合评估企业经营资质，完成贴现可疑客户监控模型开发，为可疑客户识别提供重要参考。二是鉴于近年来监管机构对贴现后资金使用合规管理要求严和资金流向监控难的问题，浦发银行基于企业级金融知识图谱和大数据技术，研发贴现资金流向风险预警模型，并经过多轮迭代优化后部署至天眼系统，该模型可自动分析并提示贴现资金的违规使用，确保贴现资金能够真实有效地用于支持实体企业经营。三是围绕人民银行的反洗钱管理要求，浦发银行完成票据与反洗钱系统的对接直连，实现票据洗钱风险的数字化管控。

（四）智慧管理，提升数字化经营管理能力

浦发银行狠抓数字化落地，一方面，加快启动票据融合项目，分步实现票据业务跨域融合、系统融合和数据融合，2024年4月成功投产上线票据系统跨域融合功能，解决了系统割裂问题，降低了跨域切换频率，提升了票据业务办理效率和操作体验，实现票据经营管理一站式在线操作。另一方面，通过集约经营、流程再造，浦发银行推动业务流程、审批流程、管理流程精简高效，践行"简清工程"。2024年12月，浦发银行成功完成票据交易管理系统升级，进一步优化票据交易流程，部署票据报表自动化功能，提升精细化管理水平，赋能票据服务"五篇大文章"。

二、浦发银行票据服务"五篇大文章"的实践案例

浦发银行通过践行数智化战略，将"五篇大文章"服务要求上升至全行五大赛道新高度，相关业务实践主要致力于科技金融、绿色金融和普惠金融领域，积极探索票据在相关领域的发展及运用，助力实体企业降本增效新发展。

（一）培育科技企业用票习惯，再贴现助力科创企业降本增效

近年来，随着贴现便捷度不断提升、利率持续走低，票据贴现逐渐成为科创企业的重要融资工具之一。2024年，浦发银行不断创新产品、优化流程，贴近科创企业用票需求，服务科创企业客户超过2000户，提供票据贴现融资超过1400亿元，并依据人民银行对科创企业的再贴现政策支持，助力实现精准滴灌，办理"沪科专贴"再贴现量近百亿元。

2023年，人民银行上海总部推出再贴现资金支持高新技术企业融资专项额度"沪科专贴"以来，浦发银行高度重视、积极响应号召，摸排高新技术企业名单内客户融资需求。如上海某材料有限公司是国内研究、开发、生产和销售医用及工业用各类高分子材料历史最早、规模较大、技术管理水平较高的专业企业之一，企业用票符合人民银行"沪科专贴"的要求。浦发银行上海分行在得知该企业日常经营周转中票据结算占比较高、存在较强的票据贴现需求后，在人民银行上海总部的指

导下，成功落地"专精特新"企业贴现业务，推动过超过3000万元贴现优惠资金直达企业，显著降低企业融资成本。

浦发银行苏州分行较早探索科创金融、绿色金融，在苏州地区创造了多项突破，依次成功办理绿色企业、科创企业相关票据的再贴现业务等。为加大对科创企业支持力度，浦发银行苏州分行与人民银行苏州市分行举办科创金融业务交流会，在科创企业认定标准、科创企业金融服务等方面进行了深入交流，并对后续以再贴现的方式赋能科创企业发展达成共识。2024年，浦发银行苏州分行累计为200余户苏州科创企业办理近90亿元票据融资，有效助力苏州地区实体经济发展。

（二）聚焦绿色再贴现，助力绿色实体企业发展

浦发银行始终紧跟人民银行政策指引，根据绿色再贴现政策要求，积极推动分行对于符合属地政策要求的绿色票据以优惠利率贴现，通过"贴现＋再贴现"联动，为绿色企业提供低成本融资渠道，提高绿色金融服务水平。2024年，浦发银行累计办理绿色再贴现业务近300亿元，同比增长超过62%。

浦发银行南宁分行对辖内企业开展积极摸排，发现某企业致力于新能源设备及电池制造核心技术研发，属于国家战略性新兴产业中新材料、新能源领域重点支持行业，符合绿色再贴现政策要求。浦发银行南宁分行多次与该企业对接，根据企业对业务办理时效要求高的特点，建立专属贴现业务报价群，与公司保持高频互动，通过浦发银行"浦银e贴"特色产品为企业提供高效的线上贴现服务，并有效联动属地人民银行的再贴现专项计划，累计为该企业办理贴现业务3.90亿元，其中3.20亿元用于办理绿色票据再贴现业务，引导资金流向绿色企业。

浦发银行西安分行多管齐下，推动属地绿色新能源产业转型。根据再贴现企业名录指引，布局全省，开展五城联动，以分行本部为中心，辐射四家异地二级分行，通过统筹全省、设立绿色再贴现业务专项奖励方案、调配绿色票源、协同营销等方式，推动绿色再贴现规模增长。其中，2024年通过"贴现+再贴现"联动为省内某国家级重点绿色新能源汽车制造民营企业优惠办理贴现业务达23.26亿元，较好地满足企业的资金结算和短期融资需求，降低企业融资成本，促进了属地新能源产业发展。

（三）精准贯彻普惠金融理念，解决小微企业融资难题

浦发银行深入贯彻普惠金融理念，通过持续优化票据业务流程，创新票据融资产品，为小微企业提供灵活、便捷、多样的票据融资服务，有效解决小微企业融资问题。2024年累计为近8000户小微企业提供贴现服务，金额近5000亿元。

一是以多样化产品满足多场景融资需求。针对核心企业强势要求小微企业接受票据收款或使用现金付款、变相提升小微企业财务成本的痛点，浦发银行开发了"票融通"承兑贴现一体化融资产品，实现收票人无感贴现、直接收到现金的效果，核心企业与小微企业间使用票据支付的动力大幅提升，有效降低企业融资成本。除"票融通"产品外，还开发了在线秒贴、协议付息贴现、免开户贴现、免追索贴现等多种票据融资产品，满足小微企业在不同商业场景下的融资需求。

二是以"直转再"模式联动降低企业融资成本。浦发银行建立了专业化的票据研究和交易团队，通过直转联动业务模式，为小微企业提供接近银行间票据转贴现利率的报价，同时对于符合条件的小微企业票据，及时对接办理再贴现业务，进一步降低客户票据融资成本。如浦发银行郑州分行为辖内小微民营企业客户——主营金属冶炼和新材料研发推广的河南某新材料有限公司，办理优惠利率银票贴现业务超过2亿元、节省融资成本超过10万元。2024年末，浦发银行再贴现余额超过千亿元，位列市场第一，有效将人民银行货币政策低成本资金传导至小微企业。

三是以高效便捷流程提高贴现融资效率。在传统票据融资流程中，企业需要经历银行尽职调查、柜台开户、授信额度审批、协议签署、单笔协议申请与审批放款，其中需要多次临柜办理并提交诸多材料。为提高客户融资效率，浦发银行推出企业贴现额度管理模式，将企业贴现额度审批时间由原本的3~7天压缩为最快当日核定；开发"线上签约"功能，免除临柜签署纸质贴现协议的烦琐；打造"在线贴现"产品，实现企业自助申请贴现，系统自动处理快速放款，极大地提高了小微企业票据融资效率。

三、发展与展望

票据作为金融机构服务实体企业的重要产品之一，在做好金融"五篇大文章"

方面具有较大潜力。为持续推进票据支持金融"五篇大文章"，票据市场应加强规范化建设，增强五大金融服务能力，抓牢服务实体经济本源。在完善顶层设计方面，建议研究绿色票据、科技票据等标准，为金融机构加大服务力度指明方向，并对票据支持金融"五篇大文章"领域成效较好的金融机构，在信贷政策、货币政策工具运用、监管评价等方面给予正向激励，引导全市场金融机构加大支持力度，最终让利实体企业，让重点行业、重点企业切实享受到政策红利。在构筑风险管理防线方面，建立健全票据服务监测体系和评价体系，有效防范可能出现的弄虚作假风险和票据套利问题，切实保障票据市场健康有序发展。

供稿单位：上海浦东发展银行

执 笔 人：韩　松　吴梦露　黄　燕　李柏润　李心宇

服务票据全生命周期
助力谱写"五篇大文章"新篇

党的二十届三中全会通过《中共中央关于进一步全面深化改革、推进中国式现代化的决定》，部署做好"积极发展科技金融、绿色金融、普惠金融、养老金融、数字金融"五篇大文章的重要工作，为新时代新征程上金融服务实体经济高质量发展提供行动指南。

一、浙商银行票据业务发展情况

近年来，浙商银行秉持"善本金融"理念，深刻把握金融工作的政治性、人民性，将"善"的基因融入业务发展，积极推动"以客户为中心"的综合协同改革，积极探索创新票据服务实体经济的有效方式，通过强化资源倾斜、推动数智化改革、推出创新产品与精准服务、深耕浙江建设，将票据服务嵌入企业生产经营各环节，提供全生命周期的票据服务。同时，推动票据业务从"专项金融服务"向"综合金融服务"转变，丰富特色票据产品和服务，不断优化票据客户体验，提升票据服务"五篇大文章"质效。

2024年，浙商银行票据业务服务客户2.4万户，贴现业务量5088亿元，同比增长48.6%，创下历史新高，票据贴现利率同比下降12个基点，低于同期流动贷款利率近

180个基点；服务客群中，中小微企业占比超过90%，贴现融资4103亿元；支持科创企业承兑及贴现融资合计2715亿元，科创企业签发银行承兑汇票占行内签票业务总量的26.74%，科创企业贴现利率较其他行业低37个基点；向绿色产业提供贴现融资支持近241亿元，同比增长109%，其中73.27%的票据以优惠利率贴现，平均优惠30个基点；为绿色项目提供银行承兑服务144亿元，同比增长25.22%。同时，积极运用人民银行再贴现政策，引入金融"活水"精准滴灌"五篇大文章"产业，其中绿色再贴现金额增长100.30%，进一步降低企业融资成本。

二、浙商银行票据服务"五篇大文章"举措

（一）打造全生命周期产品服务体系

浙商银行持续丰富、迭代票据全生命周期产品服务体系，深度融合"场景+票据"，构建多元、高效的票据服务生态，将票据业务真正内嵌到企业的生产经营各个环节中，为企业提供专业化、精细化、特色化的票据服务。

一是打造商票产品的差异化竞争优势，创新推出多主体授信、多种付息方式、免追索贴现、"浙里贴"小程序跨行贴现、"一次预审+快速贴现"、"一键直转"、全线上协议签署等产品及功能，提高业务办理效率，高效服务客户个性化、场景化融资需求。

二是根据供应链上下游支付结算特性，创新推出银承直通车、在线自助贴现、银贴通等智能化银票产品，并通过差异化设计供应链票据产品功能，引导产业链集群注册使用供应链票据平台。

三是丰富票据场景化服务模式，深入分析产业链上下游主体地位、经营周期长短、支付结算特征、融资服务需求、资金流转规律等关键问题，为各类场景设计票据综合解决方案，并通过全类型票据、多种渠道入口、丰富的产品功能组合服务"五篇大文章"客户的各类场景化结算融资需求。

四是加强总分联动，积极引导分支行沟通了解属地人民银行对科技金融、绿色金融、普惠金融、养老金融、数字金融的支持政策，争取再贴现额度，同时总行对于符合再贴现标准的直贴票据给予优惠点差，对"五篇大文章"相关产业精准滴

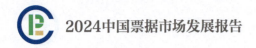

灌，降低企业融资成本。

（二）数智赋能提升客户用票质效

浙商银行以客户为中心，依托数智化能力不断焕新升级票据系统、优化业务办理流程，为客户提供极简、高效、智能的全线上化票据管理及融资服务，提升客户用票质效。

一是上线"票据智管家"数字化综合服务平台，实现客户票据业务办理的流程标准化、操作极简化、分析可视化及处理自动化，支持快捷签收、快捷撤销、分包流转等多项便捷服务，大幅简化客户操作流程；提供可视化报表分析、智慧风控、商票临期管理等个性化功能，助力企业构建更加智能、高效的票据管理体系。

二是精简整合票据业务流程，实现业务办理统一化、标准化和全线上化改造，并不断打磨优化，通过加强自动化取数反显、取消冗余字段、降低误操作概率，进一步提升业务办理效率。

三是推出"浙里贴"小程序，扩大票据服务小微及长尾客户的覆盖面，打破票据业务时空限制，节约了企业客户的时间，降低了人力成本，提高了企业业务办理效率及票据服务可获得性。

（三）强化投研与交易能力建设

一是深化票据基础客户服务能力，打造专业投研团队，深入研究重点领域产业政策、发展动态、经营模式、行业主要支付结算特征、融资需求等，结合票据产品积累的特色优势，研究"行业＋场景＋票据产品"的差异化服务模式。二是提升二级市场交易能力，由专业交易团队密切追踪宏观经济数据、政策变化、金融市场动态，准确把握货币市场、信贷市场与票据市场的价格差异，实现直贴精细化定价，优化交易策略，拓宽商票二级市场流转渠道，将二级市场"活水"引入一级市场，进一步降低企业融资成本，不断提升票据服务能力和业务可持续性。

（四）搭建业务办理和审批的绿色通道

一是加大对"五篇大文章"领域资源倾斜力度。在持票规模方面，优先适度增加科技金融、绿色金融、普惠金融、养老金融、数字金融领域票据规模。在承兑资源调配方面，优化内部流程，提高审批效率，在风险可控的前提下，确保相关领域票据贴现与承兑需求能够得到迅速且有效的响应。

二是对"五篇大文章"领域的企业实行优惠定价策略。综合考虑市场形势、企业信用状况、项目的资金规模、期限以及社会效益等多方面因素，对"五篇大文章"领域企业的票据融资需求给予一定利率优惠，有效减轻企业的财务负担，实现让利于企业。

三、浙商银行票据"五篇大文章"实践及应用案例

（一）全方位、全周期服务科创企业

浙商银行聚焦科创企业发展阶段不一、需求多样化、中小企业居多等特点，细分科技行业市场，强化对科技企业的研究与分析，为科技企业提供全链条、全生命周期金融服务。

一是建立科创企业线上化认定体系，依据政府部门（包括财政部门、经信部门、科技部门等）对科创相关企业的认定名单，以及企业研发人员、研发费用、自主知识产权、科技成果转化能力、成长性等核心评估指标，完成科创企业认定的线上化、自动化。二是聚焦科创企业的成长性，对科创企业实施差异化授信合作策略、搭建专属通道，统一评审导向，强化评审专业性、有效性，支持科技金融业务稳健发展。三是从"全产品、全链条、全周期、全场景"角度，深化商票"1+N"服务模式，为科创企业上下游提供全生命周期综合金融服务，满足科创企业研发投入、日常资金周转、订单生产、设备购置和更新、项目融资等资金需求。

应用案例：A公司是一家在科创板上市的高新技术企业，作为超导行业龙头企业，主营高端钛合金材料和超导材料的研发、生产与销售。A公司通过商票向上游供应商支付货款，但其上游供应商多为铸锭、棒材等产品加工制造及销售企业，地域分散、数量众多、贴现需求旺盛，呈现"小额、高频、跨区域"的特征。浙商银行通过走访调研，结合企业票据支付结算特征以及浙商银行商票业务授信主体占用灵活、支持跨行贴现等特色优势，为A公司及其供应商设计了"合作协议项下商票保贴＋跨

行快速贴现"的服务方案，将"承兑人保贴""背书人保贴"两种模式嵌入企业不同支付场景，异地供应商通过线上核保、跨行贴现方式突破地域限制，实现高效融资。同时为该企业客户搭建材料审批绿色通道，进一步简化业务手续。2024年全年浙商银行为A公司及其供应商提供贴现融资31笔，金额超过4500万元，最小单笔金额仅11万元，平均利率优惠25个基点，提升了票据对高新科技产业链的服务质效。

（二）金融"活水"滴灌绿色产业

一是充分利用地方政府数字化信息共享平台、绿色低碳项目库等，主动认定绿色票据项目、服务绿色客群。二是建立绿色金融产品和服务的优先授信审批机制，制定专项授信政策，加强绿色环保领域授信引导；建立健全绿色金融考核评价体系和奖惩机制，为绿色金融发展配备差异化资源。三是通过"绿色+供应链""绿色+普惠""贴现通""1+N"商票等票据服务模式，重点服务节能环保、清洁能源、基础设施绿色升级、绿色贸易融资等场景，加大中小微企业绿色金融服务力度，促进绿色普惠融合发展。

应用案例：B公司是安徽某低碳新能源光伏组件科技公司，其产品N型光伏电池转换效率由国家光伏产业计量测试中心认证为全球前三名，是浙商银行重点服务的绿色企业，目前准备扩大产能。按光伏行业惯例，B公司以银票为主要结算方式，日常票据贴现融资需求较大。一方面，浙商银行通过积极争取人民银行绿色再贴现额度引入低成本资金，组合使用"银票快速贴现+再贴现"模式为客户提供融资，直贴利率较常规贴现利率平均优惠32个基点。另一方面，通过票交所"贴现通"产品，为客户持有的小银行承兑票据快速查询到满意报价并顺利完成融资。2024年，浙商银行累计为该客户及其子公司提供票据融资97笔，金额合计1.93亿元。通过票据产品的组合应用，浙商银行实现了精准服务绿色企业融资，推动新质生产力加快发展，为守护绿水青山提供有效的票据融资支持，银企共同实现高质量可持续发展。

（三）普惠金融润泽千企万户

浙商银行聚焦县域小微企业金融服务生态，探索构建"科技+产业+生态"

的综合服务体系，为打通县域小微金融服务"最后一公里"贡献力量。一是围绕企业主体，创新搭建"金服宝·小微"平台，接入企业经营数据和政府政务数据，对企业进行精准画像，利用大数据技术识别和防范风险。二是加大对中小微客户的票据融资支持，服务客群中中小微企业占比超过90%，支持中小微企业融资超过4000亿元。三是推出定制化线上自助贴现产品"浙富贴"，支持共同富裕示范区建设等重点领域，提升业务办理效率、降低企业融资成本，做实做细普惠金融。

应用案例：C公司是我国农牧行业龙头企业之一，主营饲料、白羽肉禽、养猪、食品业务，是国内最大的肉、蛋、奶综合供应商之一。其子公司及上游供应商数量多、规模小、遍布区域较广，支付结算具有小额、高频、分散的特点。上游供应商拿到商票后若有贴现融资需求，普遍面临开户难、融资难问题，商票贴现平均耗时超过1个月。浙商银行了解到客户的需求痛点和难点后，创新性地为C公司及其子公司、上游供应商提供了"占用商票保证人授信的商票保贴＋跨行贴现"的综合服务方案，商票持有人可以占用商票保证人C公司的授信额度，节省了C公司切分授信额度给各承兑人的流程时间，并通过信用传递切实解决链上中小微企业融资难题。同时，通过全线上化操作、免开户跨行贴现等特色功能，解决了上游供应商遍布全国带来的路程远、开户难、成本高等问题，实现足不出户完成商票保贴，有效降低企业融资成本和银行经营成本。

在定期企业回访中发现，随着越来越多的客户希望在浙商银行办理票据融资，业务量的增长导致单笔放款审批的耗时形成堵点，企业希望能打通融资的"最后一公里"。浙商银行针对企业需求，立即对服务方案进行迭代升级，推出"合作协议模式项下商票保贴"新模式，实现"一次预审＋快速贴现"，进一步简化上游企业办理贴现的业务流程，单笔贴现业务全流程仅耗时5分钟，单日放款企业由每天3~5家增加至每天10~20家，票据服务核心企业上游的广度和深度不断拓展。自2022年开展合作以来，浙商银行已为核心企业的423户子公司及上游企业办理贴现业务，其中小微企业256户；累计贴现金额超过13.8亿元，累计贴现笔数1811笔，平均单笔金额约76万元，其中最小金额仅1166.40元。

（四）激活养老金融发展引擎

在探索票据服务养老社区、康养服务产业等场景化融资需求方面，浙商银行积极推动协同联动，加大对银发经济经营主体、产业集群、养老服务设施、银发经济产业项目的融资支持力度，为养老产业上下游企业定制专属票据服务方案，全力推进养老金融服务落地生根。

应用案例：D公司是一家老年人养护服务行业企业，主营业务为向政府养老服务项目提供信息服务平台系统开发建设及技术保障服务，采购商多为当地民政局等部门，结算账期较长、有融资需求。其母公司E公司为浙商银行授信客户，且近期有向D公司采购智慧养老系统的计划，浙商银行为其设计了"商票承兑保证+跨行快速贴现"业务方案，D公司可利用浙商银行小程序的跨行贴现功能，免去异地开户烦琐手续，成功完成两笔贴现业务。

（五）场景融合做深数字金融

浙商银行持续迭代升级"票据智管家""票据管理驾驶舱"等功能，强化开放银行建设，将票据服务嵌入产业链垂直平台和企业内部系统，不断扩展客户渠道与合作范围；在与第三方供应链平台合作的同时，积极搭建浙商银行供应链票据平台，推出"场景+金融"模式、"电e票"产品等，将票据产品服务全方位、无感地嵌入客户业务经营相关场景和环节。

应用案例：F公司为国家电网下属的高新技术企业，与浙商银行围绕电子商务业务共同推动场景金融业务合作模式拓展，并圆满完成首笔"国网电e票"电票缴费场景业务落地实施，这标志着双方在电力金融缴费场景领域的深度合作迈出了坚实的一步。

浙商银行与F公司基于"缴费+票据融资"场景，联合推出创新电费金融产品"电e票"，用电企业可通过"电e票"将持有或新开立的银票用于支付电费，F公司则在浙商银行办理买方付息贴现，票面款定向用于电费缴纳。目前"电e票"已实现电费缴纳线上化、自动化的一键开票或背书缴费模式，T+0高效完成电费销账。通过F公司统一询价办理银票买方付息贴现，有效降低了用电企业的融资成本与财务支出。

未来，浙商银行将勇担使命，不断奋进在探索实践的道路上，坚持以客户为中心，不断创新票据产品和服务模式，以高效服务来最大限度满足企业的需求，为服务金融"五篇大文章"提供更多、更好的票据支持，为经济社会高质量发展贡献票据力量，助力强国建设、民族复兴伟业。

　　　　　　供稿单位：浙商银行
　　　　　　执 笔 人：杨旭丽　李骁勇　田　京　于　磊　谢冰然

普惠金融新视角
票据市场促小微企业发展

2023年，中央金融工作会议提出做好金融"五篇大文章"，其中普惠金融在促进包容性增长、提升金融服务可获得性和覆盖面，助力小微企业和社会弱势群体发展等方面具有重要作用。票据作为商业信用规范化的表现形式，有《票据法》保证、要式流通特性，金融基础设施完善、一二级市场联动、政策工具直达，使用便捷、融资便利，在促进普惠金融、服务小微企业方面独具优势。为更好发挥票据支持普惠金融的作用，中国民生银行（以下简称民生银行）总行交易银行部和小微金融事业部协同推进小微企业票据业务，通过数字化手段简化流程、提高效率，打造从开户、授信、承兑到贴现全流程的线上服务体系，为小微企业提供更加便捷、高效的金融服务。

一、创新开发多款产品，促进客户服务优化升级

一是推出企业开户e产品，通过微信小程序、公众号、二维码、H5链接、直连接口等电子渠道，实现线上申请、审查，线下快速交付的开户服务。开户e产品具有线上申请多渠道、开户资料少填写、开户流程全透明、一次临柜齐办妥等优势。小微企业只需提供开户许可证和客户基础资料，通过智能采集、极简填单后，即可实时查询开户进度，到柜一次即可完成账户交付，大幅提升了开户效率和客户满意度。

二是建立智能授信模式，实现从申请到审批的全链条智能化升级。该模式充分利用大数据和人工智能技术，实现授信决策的线上化和智能化，在简化申请流程、提升审批效率、优化客户体验等方面优势明显，有效解决小微企业授信难的问题。小微企业客户通过手机银行等渠道线上申请并授权银行获取征信、税务等数据，系统智能决策自动审批授信额度，风控模型融合评分；若智能决策未通过，则转由人工线下进行审核复核。民生银行推行线上线下相结合、智能人工双轨道并行的方式，降低系统风险。

三是推行小微银承"授信＋出账线上化、智能化"模式。新模式下，在授信端，结合小微企业的经营状况、交易对手信誉、民生银行交易记录等多维度信息，利用大模型技术代替人工实现银承专属授信额度线上化额度审批，提高授信额度审批速度；在开票端，小微企业在线提交必要资料及贸易背景证明，便可5分钟内完成开票，且系统运营时间为7×12小时，不再受网点工作时长制约。目前，新银承模式已在民生银行全面推广，小微企业线上化银承业务占比提升至53%，低风险授信额度线上审批时间缩短至10分钟内，小微企业开票速度提升99%。此外，为减轻小微企业经济负担，民生银行根据开票金额和综合收益等因素，实施手续费差异化减免政策优惠，确保小微企业以较低成本获得资金支持。

四是灵活贴现服务，降低融资成本。在银票贴现方面，民生银行采用"电票服务线上签约＋银票贴现自助授信＋自助贴现"的模式，提升银票贴现业务全流程线上化、智能化处理效率。小微企业在线发起电票服务签约、银票贴现授信申请，民生银行全流程线上化受理、审核（其中银票贴现自助授信支持"7×24小时"全时段处理）。小微企业完成签约、授信前置流程后，可通过企业网银、手机银行、民生小微APP、银企直连任一渠道在线提交贴现申请、签署协议并上传合同、发票等贸易背景证明材料，实现客户端便捷申请，银行端快速审批与资金到账。在商票贴现方面，民生银行支持小微企业商票通过企业网银或线上平台贴现，采取占用承兑人或承兑保证人等核心企业授信方式，解决小微企业自身资质或授信不足导致的融资难、融资贵问题。民生银行商票贴现产品支持买方、卖方两种付息方式，开发集团场景使

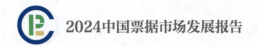

用，满足企业多元化需求；支持"系统辅助审查＋专业集中运营"，提高运营效率；支持小微客户特殊定价，降低小微企业融资成本。

二、积极推动票据支持普惠金融策略

一是明确重点行业，细化银承用票客户。在调研基础之上，对生产制造业相对集中的点链圈区开展集中突破。通过银承行业、银承收票方信息，匹配潜在客户名单。借助总行公司业务协同转介绍机制，组织推动厅堂服务经理做好适配小微客户票据基础产品推介工作。二是以供应链模式推动票据服务千万小微客户。借助"承贴直通车"产品承兑贴现联动、无感现金支付的产品优势，便捷服务链上中小微企业收款，加快小微企业的应收账款回收速度。通过票融e等围绕核心客户上游客群商票贴现的产品，以数据增信叠加票易贴，建立"高风险＋低风险"的联动授信机制，将银企之间单一信用融资连接关系，扩展至包含银票贴现在内的高频对客服务场景，推进对核心客户上游供应商的综合开发。三是推动票据基础产品在小微企业结算中的应用。加强与小微企业的业务对接，精准识别其结算痛点与金融服务需求，推广包括电子商业汇票、供应链票据等在内的多元化票据产品，助力小微企业拓宽融资渠道，优化财务结构。

三、票据服务普惠金融中存在的问题及建议

在普惠金融实践中，票据作为连接小微企业与金融机构的重要桥梁，其运作效能直接影响到小微企业的融资可得性与成本。然而，当前票据服务普惠金融仍面临一些问题与挑战，分析问题产生的原因并提出针对性建议，对于促进票据服务更好地服务普惠金融具有现实意义。

（一）票据贸易背景审核未充分考虑小微企业现实情况

金融机构在审核小微企业票据融资申请时，往往采用统一的审核标准，需提供合同和发票证明贸易背景的真实性，确保票据融资合规。但此种情形并未考虑小

微企业的特殊性和实际需求，导致部分小微企业难以获得票据融资。小微企业由于经营灵活与交易频繁、成本控制与效率考量、行业习惯与交易环境，以及特殊交易场景等因素，往往存在只有发票而无正式合同的情形。如在零售、批发等行业中，小微企业通常依赖口头协议或简单收据而不是书面合同进行小额、高频的交易。因此，建议支持商业银行按照"实质重于形式"的原则，将原贴现放款中以形式性审查为重点，转变为强化以客户准入、结算特征、定性评价、贷后数据监控等环节的管理来提高放款流程的效率和通过率，构建符合小微企业特点的票据融资审核机制。

（二）票据"空转套利"审核标准有待调整

2017年，银监会下发《关于开展银行业"监管套利""空转套利""关联套利"专项治理工作的通知》（银监办发〔2017〕46号），严禁无真实贸易背景、信贷规模腾挪、清单交易。小微企业票据目前仍按照空转套利的审查要求进行管理，关注无真实贸易背景的票据承兑与贴现套利、票据资产表内转移逃避信贷管控、跨业合作通道下的票据投资、违规票据转贴现"清单交易"，以及无风险敞口与无真实贸易背景的承兑汇票套利等。票据空转是指脱离真实交易关系，以高频滚动获取乘数级利差，而小微企业贴现的票据具有明显"小、散、短"的特征，不足以成为空转套利的载体。过于严格的审核标准增加了小微企业融资的时间成本，影响融资效率。建议通过细化审查标准、优化流程管理以及强化内部审核机制，精简小微企业票据"空转套利"审查流程。

（三）普惠小微贷款考核口径剔除票据影响小微企业发展

2021年，银保监会在普惠型小微企业贷款考核及监测口径中剔除票据贴现和转贴现业务相关数据，即单户授信1000万元以下（含）的小微企业贷款余额和户数，均不含票据贴现及转贴现业务数据。但票据作为小微企业常用的支付结算和便利融资工具，其贴现统计数据的缺失无法全面展现普惠金融成效；且小微企业风险大、金额小、利润薄，剔除贴现指标口径抑制了银行小微企业票据贴现业务的服务功效；此外，票据质押贷款与贴现业务在授信逻辑和业务实质上相近，前者能够纳入普惠金融统计范畴，而融资成本更低的票据贴现却无法计入，这实际上增加了小微企业的融资成本，降低了融资效率，与普惠金融政策制定者旨在降低小微企业融资成本的初衷相悖。

当前，人民银行在《金融"五篇大文章"专项贷款信息采集规范（试行）》中已明确将票据融资（直贴）纳入普惠贷款等指标，肯定了票据服务普惠金融的质效，而金融监管总局普惠小微贷款考核口径仍未将票据融资纳入。建议将票据贴现业务纳入普惠金融考核体系，鼓励商业银行在真实的交易关系下，以票据贴现为小微企业提供高效率、低成本的融资。

展望未来，在监管部门的指导下，在环境持续优化和市场机制不断完善的有力保障下，商业银行等市场主体将更加积极地参与票据市场的建设，通过不断提升票据业务的服务质量和效率，创新产品设计、优化审核和考核流程、加强风险控制等措施，更好地满足小微企业的融资需求。可以预见，在多方共同努力下，票据市场将更好地服务于小微企业，为其提供更加便捷、高效、低成本的融资渠道。

供稿单位：中国民生银行

执笔人：张　洁　闫　东　苗　伟

第四部分

CHAPTER 4

票据市场创新
优化金融服务

供应链票据发展迈上新台阶

2024年，在人民银行指导下，票交所贯彻落实中央规范发展供应链金融、支持供应链产业链稳定循环和优化升级的要求，推动供应链票据各项业务有序开展，服务实体经济质效持续提升，发展迈上新台阶。

一、供应链票据业务发展特点

（一）市场规模稳步增长，业务环节协同发展

2024年，供应链票据市场规模稳步增长，全年业务发生额4366.91亿元，同比增长95%。各业务环节协同发展，均呈现增长态势。其中，承兑发生额1278.71亿元，同比增长97%；背书发生额677.22亿元，同比增长221%；贴现发生额485.06亿元，同比增长48%；交易（转贴现和回购）发生额1520.43亿元，同比增长78%；保证发生额138.18亿元，同比增长58%；质押发生额159.03亿元，同比增长730%。

（二）有序推动增量扩面，参与主体更加丰富

供应链平台、企业、金融机构三类供应链票据参与主体数量保持上升。在供应链平台方面，截至2024年底，共有32家供应链平台获准接入票交所，较上年新增8

家。按供应链平台自身或股东背景类型来看，可分为企业系供应链平台18家，银行系（包括银行及银行子公司）供应链平台11家，财务公司系供应链平台3家。在企业方面，2024年，供应链票据企业用票家数[①]约3.4万家，同比增长122%；企业用票金额[②]达2440.99亿元，同比增长105%。在金融机构方面，2024年，参与贴现的金融机构（法人口径）37家，较上年增加3家；参与交易的金融机构（法人口径）153家，较上年增加66家。

（三）以商业承兑汇票为主，助力商业信用发展

供应链票据嵌入供应链场景，在承兑环节即上传供应链信息，从源头上保障票据真实交易关系。同时，供应链票据通过引入供应链平台，运用技术手段整合供应链上的物流、商流、信息流、资金流等信息，使企业之间的真实交易关系更加直观，提升了信息透明度，有效缓解商票流转难、融资难问题，助力商业信用发展。2024年，供应链票据承兑发生额中商票承兑金额占比为97%、笔数占比为99%。

（四）充分发挥普惠属性，切实服务中小微企业

供应链票据普惠属性显著，中小微企业用票占比持续提升。2024年，供应链票据承兑环节平均票面金额为146.36万元，其中票面金额在20万元以下的张数占比为65%，20万~50万元的张数占比为15%；贴现环节平均票面金额为157.60万元，其中票面金额在20万元以下的张数占比为54%，20万~50万元的张数占比为19%。按供应链票据用票企业规模来看，2020—2024年，中小微企业用票家数占比从65%增长到90%，用票金额占比从43%增长到67%。

（五）立足服务实体经济，聚焦国家政策导向

供应链票据着力支持实体经济稳健发展，服务国家总体战略布局导向突出。按供应链票据用票企业所处行业来看，2024年，制造业、批发和零售业、建筑业企业

---

① 企业用票家数指开展供应链票据出票、收款、背书、被背书和贴现申请的企业家数合计数。
② 企业用票金额指供应链票据承兑、背书和贴现发生额合计数。

用票家数及用票金额均排名前三，用票家数占比分别为35%、31%和15%，用票金额占比分别为20%、29%和21%；此外，科学研究和技术服务业，信息传输、软件和信息技术服务业企业用票家数及用票金额增幅显著，用票家数同比分别增长496%和124%，用票金额同比分别增长373%和372%。

（六）深化服务供应链产业链，覆盖面不断扩大

供应链票据适应供应链产业链全国化布局，服务范围辐射全国31个省、自治区、直辖市，支持供应链跨省支付场景。2024年，供应链票据跨省承兑发生额占比为33%，跨省背书发生额占比为26%。同时，供应链票据可以在企业间进行背书流转，沿产业链方向纵深服务实体经济。2024年，供应链票据平均背书次数（背书次数/承兑张数）2.14次。

（七）打造开放业务模式，维护产业生态良性循环

供应链票据各方参与主体持续开拓合作路径，打造开放的业务模式，维护产业生态良性循环。一是通过企业系供应链平台签发的银票规模明显增长。2024年，开展供应链票据承兑业务的银行增至10家，涉及8家供应链平台，其中7家为企业系供应链平台，通过企业系供应链平台签发银票的发生额同比增长367%，笔数同比增长197%。二是支持供应链票据在不同参与者服务机构的企业间进行背书，即企业可将所持供应链票据背书转让至其他供应链平台或金融机构上的企业。2024年，供应链票据背书环节中不同参与者服务机构的企业间的背书发生额占比为33%、背书次数占比为62%。三是金融机构[①]不局限于仅为本行供应链平台上的企业提供贴现服务，其全年贴现业务中85%以上的资金流向其他供应链平台上的企业。

（八）坚持发展规范并重，完善交易关系真实性监测机制

2024年，票交所立足金融基础设施职责，充分发挥票据市场基础设施数据中心优势，运用技术手段探索建立多层次多维度的供应链票据交易真实性甄别和监测

[①] 指银行等供应链平台的股东。

预警机制。一是加强风险防控制度建设，建立系统性的供应链平台监测评估机制，完善供应链票据交易关系真实性监测制度，引导供应链平台尽职履责。二是构建监测预警模型，对系统内供应链信息和票据信息进行全量监测分析，经系统自动比对后，筛选出供应链信息不完整或与票据信息不匹配的供应链票据，提升监测效率。三是有针对性地选择部分供应链票据，对其供应链影像信息进行抽样监测，与模型监测结果相互印证补充。同时，将模型监测和抽样监测中发现的问题，纳入供应链平台监测评估机制进行处理，压实平台职责，多管齐下，对供应链票据交易真实性风险做到早识别、早预警、早暴露、早处置。

二、供应链票据服务实体经济案例

（一）供应链产业链特色领域应用场景

供应链票据立足具体业务场景，深耕产业上下游赋能，服务实体经济特色案例不断涌现。一是服务地区特色产业。山东某企业主要生产浸渍纸等产品，其所处的木工行业为当地重要产业链，辐射带动链属企业上万家，年产值超过1200亿元。长期以来，该企业货款结算采用人工对账、人工收款、人工清算方式，面临对账流程烦琐、人工成本高、信息不透明、难以获得金融机构融资支持等难题。2024年，该企业选择将新增应收账款全部采用供应链票据进行结算，在保持原行业结算规则的基础上，通过供应链票据的自动提示付款、票款兑付结算等功能，节约管理成本，减少人员占用，提升业务准确度。二是服务产业特色场景。某供应链平台结合自身产业资源特点，聚焦电力行业电费缴纳场景。其服务的一家用电企业主要从事氯碱化工生产，日常耗电量大，资金回款周期长。为提升该企业的电费支付效率，降低电费管理的时间成本和资金成本，平台向其提供供应链票据融资缴费服务，即将供应链票据贴现获得的融资款项定向用于为企业缴纳电费，从而缓解了客户资金筹措压力，增强企业流动性，助力其正常生产运营。三是服务平台特色客户群体。某供应链平台服务的中小微企业和个体工商户有较大用票需求。2024年，某个体工商户为采购新店装修所需的水泥和砂石等建筑材料，通过该平台向某建材公司签发了一笔金额为8350元的供应链商票。供应链票据较好地满足了个体工商户小额短期的支付融资需求，推动普惠金融服务有效触达实体经济毛细血管。截至2024年末，供应链票据累计服务个体工商户数量超过1700余户。

（二）首单供应链票据资产证券化产品成功落地

2024年，中国银行间市场交易商协会发布《关于开展供应链票据资产证券化创新试点的通知》（中市协发〔2024〕161号），与票交所联合开展供应链票据资产证券化试点；票交所发布《供应链票据资产证券化基础资产操作指引》（票交所发〔2024〕83号），并投产上线基础资产操作相关系统功能，支持特定目的载体及其管理机构开户、基础资产信托转移等操作。12月，首单直接模式供应链票据资产证券化产品——通汇数科2024年度第一期鲁高速—路桥集团供应链票据资产支持商业票据成功发行。发起机构涉及47家小微企业、2家中型企业，基础资产中票面金额30万元以下资产笔数占比为61%，票面金额100万元以下资产笔数占比为92%。供应链票据资产证券化通过连通票据市场与债券市场，有助于盘活存量票据资产，拓宽供应链票据融资渠道，为中小微企业融资提供新选择。

三、未来展望

下一步，票交所将继续秉持创新驱动服务升级、规范筑牢发展根基的理念，推动供应链票据规范创新发展。一方面，破解发展痛点、难点，在市场化、法治化轨道上创新。推动供应链票据资产证券化业务持续落地，拓展供应链末端中小微企业的票据直接融资渠道。同时，探索研究为供应链票据提供仅向承兑人追索的有限追索服务，满足市场参与者降低或有债务风险、提高融资效率的需求。另一方面，严把供应链票据风险关，加强对供应链平台的管理，稳步引入更多符合条件的供应链平台，做好对供应链平台的持续监测工作。

供稿单位：上海票据交易所

执 笔 人：汤莹玮 戴 林

持续深耕供应链票据
助力产业高质量发展

党中央对产业链供应链自主可控高度重视，党的二十届三中全会提出"抓紧打造自主可控的产业链供应链"的要求。票据作为对公结算的重要组成部分，其支付和融资相互融合的属性，高度契合企业在供应链领域的金融需求。票据不仅是高效的支付手段，促进了供应链上下游企业的资金流转和贸易往来，更是便捷的融资工具，为企业提供了灵活多样的融资方案，有效缓解了供应链上下游中小企业的资金缺口，显著增强了产业链供应链的韧性与安全。因此，充分挖掘票据在供应链金融领域的应用，既是落实党中央决策部署的重要一环，也是商业银行服务实体经济、探索业务增长点和追寻高质量发展的内在要求。

一、交通银行积极发展供应链票据业务

交通银行始终胸怀"国之大者"，一贯秉持"金融为民"初心，切实担负"金融报国"职责，积极履行"金融强国"使命，积极探索发展供应链票据的思路与举措。2022年，交通银行落地首笔供应链票据贴现融资，并不断优化业务流程、提升服务质量，持续耕耘供应链票据市场。截至2024年末，已累计为数百家中小微企业提供供应链票据融资超过70亿元，成功将金融"活水"精准滴灌至供应链末端企业。

（一）紧跟政策步伐，推动业务发展

2020年9月18日，人民银行等八部门发布的《关于规范发展供应链金融　支持供应链产业链稳定循环和优化升级的意见》首次提出"支持核心企业签发供应链票据，鼓励银行为供应链票据提供更便利的贴现、质押等融资"，拉开了应收账款票据化的序幕。两年后，人民银行和银保监会在2022年11月11日发布的《商业汇票承兑、贴现与再贴现管理办法》（以下简称"票据新规"）中明确规定"供应链票据属于电子商业汇票"，为后续供应链票据业务的发展奠定了坚实的制度基础。交通银行紧跟政策步伐，多措并举推动供应链票据业务发展。一是完善规章制度。根据"票据新规"的要求及时修订行内票据业务的管理办法，为业务推进提供制度保障。二是挖掘市场需求。对接多家供应链金融平台，满足核心企业款项支付与贸易背景高效融合的业务需求。三是总分联动推进，总行牵头设计与实施供应链票据的标准方案；对于分行与当地供应链平台的个性化对接需求，总行充分支持，依托柔性团队为分行提供强有力的技术指导和业务支撑；针对分行突破性的诉求，在风险可控的前提下结合供应链票据特性，协助分行定制特色解决方案，进一步拓宽供应链票据的应用边界。

（二）夯实系统建设，打造数智服务

交通银行秉持以客户为中心的服务理念，多管齐下推动供应链票据在多元场景下的广泛应用。一是夯实基座，深度打通供应链票据生态。交通银行针对供应链票据场景深度优化前后端系统，上线了供应链票据加保、供应链票据背书、自动确认扣款等多项特色功能，并进行多渠道同步改造，为客户高效利用碎片化时间、随时随地办理票据收付与融资提供便利，也加速了核心企业优质信用的传导。二是跨域融资，助力供应链票据无感办理。交通银行整合行内资源，打破票据流转的边界，为客户提供跨平台、全线上的融资业务。在供应链票据银承开立环节，支持企业在线签署框架协议后多次办理，在供应链票据贴现环节，企业可在平台完成利率询价、材料上传、协议签署等全部业务流程，无须跳转网银，极大提升了客户的融资体验。

（三）挖掘市场需求，加强业务推广

由于资源禀赋的差异，供应链票据在全国各地的发展情况参差不齐，交通银行结合各地的产业政策，指导经营单位结合当地情况制定业务营销策略，充分挖掘市场需求。一是打造标杆，萃取经验。通过引导分行深入对接区域产业政策，积极营销当地的龙头企业，借助模式创新、产品创新深化银企合作，形成典型案例，进而总结经验，进行复制推广。同时，借助专项营销活动充分调动营销人员触客、获客的积极性。二是形成合力，精准拓客。传统的票据业务营销存在数据要素分散、管理工具缺失、客群统筹能力不足等问题，难以明确制定包含目标挖掘、策略匹配及渠道推送的营销主线。交通银行与平台深度合作，经营单位通过平台的引流和行内营销工具的赋能，精准触达客户票据需求。

（四）强化防控措施，牢筑风险底线

在供应链票据风险防控方面，交通银行积极加强内控建设，运用金融科技手段，形成较为完备的风险防控体系。一是在内控建设方面，聚焦票据业务信用风险和操作风险的薄弱环节，坚持以问题为导向完善管理机制，加强现场和非现场检查监督，确保票据业务内控管理各项要求执行落实。二是在运用金融科技方面，加大票据风险防控信息化建设力度，通过应用大数据分析等技术，不断提升企业经营异常、资金回流、虚假贸易背景等风险信号主动监测、识别、防范的能力。

二、交通银行供应链票据实践案例

经过多年的产品打磨，交通银行已和近10家供应链平台进行多渠道的业务对接，通过"标准+特色""线上+线下"的矩阵式服务方案为不同平台提供多种合作模式。

（一）银企互联，助力业务高效办理

"十四五"规划纲要明确将高质量发展作为主题，为经济社会发展绘制了清晰的蓝图，各领域围绕创新驱动这一核心目标稳步推进。H集团是业务范围涉及全球200多个国家和地区，拥有6家上市公司的超大型制造业集团，2021年自建了实现产业数据全周期管控的供应链平台，并在2023年接入票交所供应链票据平台。

交通银行某分行依托深厚的本地化优势，积极和平台开展合作，通过"总分协同、条线联动"的方式，迅速配合平台上线供应链票据贴现功能，成为该平台的首批合作银行，并凭借优质服务获得供应商客群的认可。一是实现在线询价。核心企业依托平台向遍布全国的供应商签发商票，供应商收票后通过在线询价功能轻松获取到贴现报价。二是实现在线融资。供应商通过平台向交通银行发送贴现申请，客户经理在线维护业务参数并向平台即时推送贴现合同。客户在平台签署合同、上传贸易背景资料后，便可坐等贴现资金入账。三是集约化运营。通过"一家分行做全国"的模式，分行一方面与H集团高效沟通，另一方面为其遍布全国的供应商提供标准、规范的服务，获得良好的市场反响。在交通银行和H集团精诚合作下，上述模式已为上百家链属企业提供供应链票据贴现融资数十亿元，取得较好的社会效益和经济效益。

（二）优化模式，协助企业管控票据资产

党的十八大以来，习近平总书记一直高度重视传统产业的转型升级，提出"要着眼国家战略需求，统筹推进传统产业改造提升、新兴产业培育壮大、未来产业超前布局"的重要指示，鼓励传统行业借助数字经济手段发展新质生产力。在建筑领域，设计并承建了全国超半数铁路网的特大型建设集团——T集团，商票结算在其中发挥了举足轻重的结算作用。在传统商票流转模式下，T集团下属企业通过各自的ERP、企业网银、第三方供应链平台等方式进行商票支付，签发渠道多样、交易对手繁多、成员单位遍布全国等情况为集团统一管理票据资产带来了挑战。为此，T集团整合集团资源，推动设立供应链平台，并在2022年接入票交所开展供应链票据业务。前述平台通过提供票据统一流转服务，协助集团管控票据资产，提升管理质效。交通银行某分行积极响应企业管理方式的转变，不仅为T集团提供标准化供应链票据融资服务，还针对成员单位多、额度分散的特点，优化额度管控模式，由T集团总部对口分行牵头管理集团在交通银行的供应链票据贴现额度，协调成员单位间的额度互调余缺，通过高效响应供应商的贴现需求，协助集团推广供应链票据。

（三）融合场景，赋能企业日常运营

近年来，党中央提出"绿色金融"战略部署并明确"双碳"目标，能源产业在推

动经济社会实现"碳达峰、碳中和"方面肩负重要使命。服务人口超11亿的特大型央企某电网集团打造了基于电费缴纳、电商交易、绿电绿证等八大功能模块的综合型能源服务平台"G网平台"。交通银行统筹处理绿色金融和传统产业的有效衔接,通过绿色订单融资、票据缴费等产品,为绿色智能电网建设和企业用电提供金融服务。

在企业电费缴纳环节,交通银行深刻洞察用电企业的需求,推出涵盖供应链票据的综合金融服务方案。在传统电费缴纳场景中,用电企业只能通过现金付款的方式缴纳电费,不仅企业的营运资金被占用,而且电费销账还需人工介入。交通银行基于以上行业特点和用户需求,推出了"企业平台出票+交通银行承兑+企业代理电网贴现+贴现资金入账电网+订单自动销账"的综合缴费服务:在支付环节,企业通过"G网平台"签发用于支付电费的供应链银票后,在交通银行企业网银办理承兑申请;在贴现环节,企业先发起电费支付订单,然后申请代理电网办理贴现手续,贴现款直接支付至指定账户并联动完成订单销账。同时,交通银行还向"G网平台"提供贴现资金清分方案,实现电网企业(地市供电局)无感收款。依托供应链票据,交通银行成功联结用电企业、平台、电网企业三方需求,把服务融入企业日常运营,助力实体经济高质量发展。

三、供应链票据未来展望

供应链票据通过整合物流、信息流和资金流,把票据融入贸易场景,在助力商业信用发展、服务中小企业等领域具有独到的优势,拥有巨大的发展潜力。与此同时,充分发挥供应链票据的特点,切实提高产业链供应链的运行效率,还需要政府、企业和金融机构的共同努力。交通银行愿继续发挥金融的桥梁作用,与第三方平台、核心企业自建链平台等加强合作,坚持守正创新,汇聚更多政策、产业和数字资源,把银行服务深度融入供应链票据的场景生态,为构建更加安全、健壮、高效的产业链供应链贡献交通银行力量。

供稿单位:交通银行

执 笔 人:钱 江 曹圣希 李海滔 庞俊昊 卢守迪

发挥供票临沂模式优势
赋能中小微企业及个体工商户发展

　　临沂商城拥有136处批发市场、4.55万家经营业户，从业人员30万人，涵盖27个大类共600多万种商品，基本覆盖了生产和生活资料主要门类。2024年商贸物流总额突破1.6万亿元[①]，是全国最大的市场集群和小额票据集散地。临沂商城数字科技集团有限公司（以下简称商城数科）2017年诞生于临沂商城，始终聚焦商城数字化升级，在电子商业汇票发展阶段参与创新探索"区域商票临沂模式"。商城数科运营的沂链通供应链票据服务平台（以下简称沂链通平台）自2024年5月11日获准直连票交所供应链票据平台以来，积极推动供应链票据（以下简称供票）发展，秉持"建设数字商城，发展普惠票据"的使命，为商城中小微企业和个体工商户提供全生命周期的线上化普惠票据服务，助力供票生态体系和信用评价体系建设，促进数字商城、链式商城高质量发展。主要工作情况如下[②]。

一、争取有利于供票发展的外部环境

　　沂链通平台积极争取地方政府和监管机构的政策支持，推动地方政府出台了一

[①] 数据来源于临沂商城管理委员会官方网站（https://mart.linyi.cn/）。
[②] 本文数据如未作出特殊说明均来源于商城数科。

系列鼓励供票业务发展的政策措施，为供票业务发展创造良好外部环境。为放大平台获批接入票交所供票平台的资质效应，将稀缺资质优势与平台的"信息流量、数据规模、科技领先"优势相互融合，临沂市政府制定了《支持打造供应链票据生态示范市的行动方案（2025—2027年）》，确定了"三年供票业务总规模突破1000亿元、供票贴现融资总规模突破500亿元、向50家平台提供供票综合解决方案"的行动目标，明确了金融系统推动措施，提出了搭建"商城、国资、制造"等供票管理系统的时间节点、对接主体和具体方案。

二、共建有利于供票生态的合作体系

沂链通平台坚持生态开放的原则，与金融机构、核心企业、供应链金融平台、科技平台等生态伙伴深度合作，并随着渠道和业务场景的拓展联创供票产品，持续推进供票生态体系建设。

（一）与金融机构实现互联互通

沂链通平台与数十家金融机构联合运营，就票据融资服务达成深度合作。通过审查票据交易背景，配置产品不同业务节点的额度，满足了金融机构对风险缓释的要求，并凭借成熟的科技能力，为金融机构提供供票系统快速、低成本的对接服务；平台实现了线上询价、线上签约贴现、贸易背景提交等全线上化功能，帮助企业降本增效，为企业提供差异化的融资服务。目前，平台已与38家金融机构合作对接，其中已签约平安银行、中信银行、华夏银行等14家金融机构，拟签约交通银行、临商银行、晋商银行等11家金融机构，正在与渤海银行等13家金融机构洽谈。

（二）测试优化供票跨平台功能

沂链通平台致力于携手合作银行优化跨平台供票业务功能，取得一定成效。为验证生产环节中各银行是否支持跨平台票据业务，商城数科对部分合作银行供票跨平台功能展开了测试，测试银行中供票跨平台背书、兑付、资金到账等功能的支持率超过80%。

沂链通平台与部分合作银行协调联动，促成部分银行跨平台供票承兑和贴现。2024年12月27日，临沂某新材料公司在沂链通平台签发首笔供应链银票并向交通银行临沂分行成功发起跨平台承兑，次日在北京银行济南分行实现跨行贴现。该案例标志着沂链通平台供应链银票场景实现了新突破，增加了市场主体使用沂链通平台对接商业银行供票业务的可选择性。

（三）与金融科技平台融合赋能

据调查，多数核心企业已借助金融科技平台技术能力完成了核心业务的数字化转型，基于在商流、物流、信息流和资金流的"四流合一"场景下应用供票的原则，商城数科注重发挥科技、运营优势，已与新明辉、中金云创、高达软件等13家头部金融科技平台、垂直电商平台和线上担保类平台赋能合作，实现了票据在不同市场主体和平台间的高效流通，共同探索供票的创新应用。

例如，新明辉安全科技公司作为全国最大的劳保用品行业垂直电商平台，其用户多为中小微企业，存在对公支付尤其是信用支付能力不足、手续费率较高等问题。沂链通平台与新明辉平台对接供票支付结算能力，为其9000余家赊销支付的中小微企业提供供票服务，结算成本平均降低60%，经销商通过开具短期供票缩短了应付账款账期。目前，平台已注册用户238家，签发供票2167笔，累计发生额672万元，笔均3100元，单笔最低仅46.4元。该模式正在深圳、上海等地复制落地。

三、搭建有利于合规运营的风控体系

为有效防范化解票据风险，沂链通平台通过优化完善制度、流程、实操、数据等模块，搭建了事前、事中和事后全流程风险控制体系，保证平台稳健合规运行。

（一）事前：构建票据信用评价体系

一是特征挖掘。基于平台积累的客户数据与外部三方数据，深入挖掘企业工商、司法、经营类信息、产业图谱数据以及票据履约情况等多维度数据背后的风险特征。已梳理184类风险标签，精准刻画用票企业潜在风险点，为票据信用评价提供

了坚实的基础。目前，平台准入商票承兑主体白名单企业突破3000家，成为全国较大的赋能合作银行开展白名单企业主动授信的普惠票据服务机构。

二是模型构建。利用产业链数据建立逻辑回归评分模型，有效捕捉企业在产业链中的地位、上下游合作稳定性等关键信息，对企业信用进行量化评分。同时，引入外部接口数据构建工商司法经验性子模型，充分结合行业经验与外部权威数据，进一步丰富信用评价维度。最后将两个模型进行融合，实现优势互补，得出更为精准的企业综合信用评分。

三是评分校准。自行探索开发商票信用等级评分调整策略，依据业务实际开展情况，对模型输出评分进行动态校准。考虑到不同业务场景下企业信用表现的差异，通过调整策略确保评分结果能够真实反映企业在具体业务中的信用水平，为业务决策提供可靠依据。

四是外部合作。基于对国内商业信用价值挖掘利用的共识，联合信用评级公司重点探索用票企业评级、评价等。同时与联合信用评价有限公司推进指标定制、特定场景风控建设、联合建模、基于行业细分模型的评级（评价、评分）等与自身业务相匹配的个性化服务。

（二）事中：全面搭建风控体系

一是制度建设。制定包含但不限于《风险管理办法》《风控审核操作手册》《风控策略管理规范》《风险及内控管理委员会工作规程》等全面风险管理制度，明确各业务环节中的风险管控要点、责任划分及应急处理机制，确保每一项业务操作都有章可循，从根本上保障业务合规开展。

二是流程建设。与业务、运营部门共同梳理的风控流程涵盖平台业务的全生命周期，从平台入驻企业的准入审核、业务过程中的风险监测到后期的风险处置，各个环节紧密相扣，基本实现了平台风险的动态管理，有效提升了风控的及时性与精准性。

三是实操管理。组建专业的风控团队，对日常业务进行严格把控。团队成员依据制度与流程，通过风控决策引擎管理、贸易背景资料审查等方式，对每一笔业务、每一个场景进行细致入微的风险排查，确保风险隐患无处遁形。

四是数据分析。结合实际业务所需，收集、整理与分析平台业务数据。通过数据挖掘与基础技术分析，及时洞察平台业务风险趋势，为决策提供有力的数据支持，实现平台风控决策由经验驱动向数据驱动的初步转变。沂链通平台自2024年6月11日签发首笔供票业务以来，全年平台供票业务总规模突破100亿元，承兑发生额突破50亿元，均列全国前五位，保持零逾期纪录。

（三）事后：建立违约票据仲裁机制

参与成立临沂仲裁委票据仲裁中心，聘请8位资深律师、行业学者作为仲裁员入驻仲裁中心，并通过深度益课堂、仲裁讲堂等开展持续性普惠培训。仲裁中心专业高效的仲裁服务，增强了社会对票据仲裁的认可和信任，促进和保障了鲁南区域票据市场的健康发展。2024年，票据仲裁中心共受理包括票据质权纠纷、票据付款请求权纠纷、票据追索权纠纷、票据保证纠纷等案件35起，其中6起通过调解方式成功解决。

四、创新有利于供票融资的普惠服务

商城数科从破解经营主体小额票据融资难、融资贵、融资慢问题入手，依托沂链通平台推动实现应收账款票据化、票据应用普惠化、票据服务线上化、融资服务高效化。

（一）推动应收账款票据化

中小微企业多数以赊销方式给下游客户供货，并由此形成应收账款"对账单"。由于中小微企业资金压在了赊账上，再加上缺少固定资产，因此普遍面临融资难题，制约了商城企业的发展。对此，链上企业间来往的财务数据可以成为破解难题的突破口。沂链通平台把原来企业间口头约定的对账单变成在平台签发的可流通的供票，相较于过去银行难以识别的应收账款，通过票据化清晰可显，再加上订单合同和交易发票，就实现了"四流合一"，达到了银行授信的标准要求。

以临沂市木业产业链为例，泉叶家居公司为鲁南苏北60余家板材企业供应浸渍

纸，年销售规模近亿元，其货款结算原采用人工对账、收款、清算的方式，货到3个月分期付款结算，应收账款规模1200多万元。应收账款对账流程烦琐、人工成本高，加上手工处理对账、信息不透明，难以获得融资支持。2024年6月，该公司推动板材企业在沂链通平台注册，将新增应收款采用供票结算，累计供票发生额275.3万元，通过供票自动清分、自动兑付功能，节约了管理成本，减少了人员占用，提升了准确度。目前，该公司正以持有供票作为质押物向合作银行申请授信融资。

（二）创新服务个体工商户用票

商城中小微企业和个体工商户占比高，用票意愿强，在当地人民银行支持下，平台联合商业银行开展个体工商户用票支持情况调查，发现核心企业上下游支付过程中个体工商户占比高达30%～70%，在供票可分包流转情况下，应收账款票据化加快，优化商业银行个体工商户供票全周期服务成为较为急迫的普惠金融课题。2024年6月14日，沂链通平台帮助个体工商户兰山区莱斯干洗服务中心成功向供应商临沂吉发建材有限公司签发首笔金额为8350元的供票，用于采购新店装修所需水泥和砂石等建筑材料。这笔由个体工商户作为出票人成功签发的供票，受到《金融时报》等国内主流媒体关注，为更深层次推动普惠金融发展提供了可复制模式。

（三）聚合普惠票据融资能力

由于临沂商城企业持有的票据多数为小企业持有、小银行承兑、小金额、剩余期限短的"三小一短"票据，普遍存在融资途径较为单一、贴现流程较为复杂且融资综合成本偏高的问题。为解决商城企业商户在票据融资方面的难题，沂链通平台聚合全国数十家商业银行的线上票据服务能力，实现了银票秒贴、商票秒贴、商票质押贷款和跨平台供票贴现等融资功能。

五、优化有利于客户体验的流程机制

沂链通平台坚持"专业有深度，服务有温度"的服务理念，在票交所指导支持下，坚持风控合规前提下，立足于"四流合一"原则，不断优化系统能力，为客户提供交易便利化流程和机制。

（一）系统和需求优化

针对注册环节流程烦琐冗长等实际问题，平台对注册流程进行优化提升：一是简化入驻环节提交授权文件的步骤；二是在确保人工合规操作管理基础上，实现数据智能分析判断，提升了审核环节效率；三是针对原电子签章服务需重复平台操作问题，与中金金融认证中心（CFCA）以系统直连方式为企业提供电子签章服务，增加了平台服务安全性和便捷性。

（二）客户回访机制

一是设定定期回访时间表。通过线上线下方式，了解用户需求是否得到了回应、产品使用感受，包括平台易用性、功能实用性及服务满意度等，确保触达每位用户。二是重视用户信息反馈。通过回访收集、客户端采集或媒体传播回馈等获得的建议和问题，由运营部门逐一分析、内部沟通，用最短时间提供解决方案。三是对于确认影响客户体验的流程或功能，在合规前提下，立即着手优化迭代，确保平台设计和功能不断满足用户便捷易用需求，赢得用户信任和支持，为更大业务规模创造条件。

六、营造有利于供票推广的舆论环境

通过多样化方式与供票生态体系加强互动，营造良好的舆论环境。

（一）组织系列推广活动

2024年，平台配合监管部门联合召开全市供票工作会议、农商银行系统供票业务培训班等系列活动8次。11月5日以"票据守正创新，更好服务实体经济发展"为主题，联合中国支付清算协会成功承办全国"首届银企票据业务创新交流研讨会"，票据管理部门、金融机构、核心企业等票据行业专家领导210余人参会。平台还搭建"沂蒙供票沙龙"微信工作群，以"票信融合"等为主题举办"沂链通供票

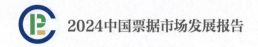

沙龙"系列活动6期，扩大了平台影响力。

（二）持续加强宣传推广

充分利用好商城数科公众号，原创或转发多篇票据政策与实践信息，有效提升了平台知名度，形成社交媒体宣传互动氛围。12月26日，平台成功发起首笔供应链银票并实现跨平台承兑贴现业务获得金融时报社肯定性报道，推动了供应链金融服务实体经济和普惠金融发展，引导健康票据生态的形成和市场主体互联互通。

下一步，商城数科将在人民银行和票交所指导支持下，锚定"创新的平台、开放的平台、服务的平台、平台的平台"市场定位，优化完善沂链通平台功能，联合各合作金融机构、平台合作伙伴共同为中小微企业和个体工商户提供全方位、多层次的数字化、普惠化票据服务，持续探索创新普惠供票服务的新产品、新模式和新路径，凝心聚力打造供应链票据生态建设示范市，为区域供票生态建设赋能实体经济高质量发展作出更大的贡献。

供稿单位：临沂商城数字集团有限公司

执 笔 人：王朝阳　易　灏　宗泽楠　朱彦霏

2024年"贴现通"业务发展情况

2024年,票交所持续推动"贴现通"①业务稳健高质量发展,通过了解市场诉求、开展业务推广、优化系统功能等工作,推动业务在践行绿色金融、科技金融、普惠金融等方面发挥积极作用。

一、业务总体情况

2024年,"贴现通"全年新增登记企业6119家,促成票据贴现4.08万张,票面金额为1561.27亿元。自业务上线以来,累计登记企业3.02万家,促成票据贴现19.80万张,票面金额为6654.32亿元。"贴现通"业务范围已遍布全国31个省份,贴现机构涵盖54家法人、363家分支机构,覆盖商业银行和财务公司等各类贴现主体。

2024年,票交所持续优化"贴现通"系统功能。结合市场参与者的诉求,在系统中增加"付息方式"选项,新增跨行经纪业务模式,延长业务时间,持续优化单

---

① "贴现通"是票交所在人民银行指导下于2019年5月推出的票据创新产品,通过引入商业银行担任票据经纪机构,在企业和贴现机构之间发挥信息撮合的桥梁纽带作用。持票企业申请票据贴现时,可以委托票据经纪机构在"贴现通"平台登记贴现信息、发布贴现意向,由票据经纪机构帮助其在全国范围内寻找合适的贴现银行,进而实现贴现融资。

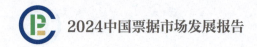

据样式，提升用户体验。

二、服务实体经济成效

（一）积极践行普惠金融，助力企业降本增效

"贴现通"坚持锚定普惠金融目标，着力疏通小面额、小银行承兑等票据贴现难贴现贵问题，缓解贴现市场信息不对称，降低实体企业尤其是中小微企业的融资成本。2024年，"贴现通"新增登记企业中，中小微企业达到5506家，占比为90.0%；"贴现通"贴现票据中，100万元以下的小额票据2.34万张，占比为57.2%；城商行、农商行等中小机构承兑票据1.82万张，占比为44.5%。2024年，"贴现通"加权平均贴现利率为1.48%，较全市场平均水平低3个基点，较1年期贷款市场报价利率（LPR）平均低186个基点。

（二）支持重点领域发展，实现精准滴灌

"贴现通"支持标签功能，可供金融机构筛选标签、精准定位具体行业和特定属性的企业票据，从而引导金融机构精准投放信贷资金，加强对重大战略、重点领域和薄弱环节的资金支持。2024年，"贴现通"新增登记企业中，科技企业、绿色企业分别为1202家、288家，科技企业、绿色企业贴现票据金额分别为165.93亿元和86.02亿元，同比分别增长10.6%和5.5%。

（三）着力服务民营经济，解决票据融资痛点、难点

"贴现通"始终致力于为民营企业提供高质量贴现服务，解决民企票据融资的痛点与难点。2024年，在"贴现通"新增登记企业中，民营企业达到4648家，占比为76.0%，民营企业贴现票据金额为889.67亿元，占比为57.0%。

三、未来展望

下一步，票交所将继续坚持服务实体经济的初心使命，不断加大"贴现通"

业务宣传力度，紧密跟踪市场发展动态，持续优化系统功能，积极拓宽应用场景，结合"贴现通"做好"五篇大文章"，为中小微企业提供更加优惠、便捷的贴现服务，推动票据贴现市场高质量发展。

供稿单位：上海票据交易所

执笔人：李　麟　李　玮

深化科技金融服务
数智化赋能票据业务创新发展

金融是国民经济的"血脉"，是国家核心竞争力的重要组成部分。中央金融工作会议提出，要做好科技金融、绿色金融、普惠金融、养老金融、数字金融"五篇大文章"。江苏银行认真贯彻落实党中央决策部署，践行金融工作的政治性、人民性，以"One Bank"理念打造"高效率""强协同""优服务"三个比较优势，致力于以高质量金融服务做好金融"五篇大文章"。近年来，江苏银行围绕化解企业票据融资难点与痛点，深化科技金融服务，充分运用新技术、新模式打造优质的票据融资数智化运营体系，不断推动票据业务高质量发展，提升票据业务服务实体经济质效。

一、充分发挥票据经纪业务优势，服务企业多场景融资需求

（一）票据经纪业务

"贴现通"业务于2019年5月27日投产上线，票据经纪机构在接受贴现申请人委托后，在票交所"贴现通"平台进行信息登记、询价发布、交易撮合后，由贴现申请人与贴现机构通过票交所系统办理完成票据贴现的服务机制安排。"贴现通"业务旨在解决票据贴现中市场割裂不统一、授信难以覆盖、信息服务缺失以及比价成本高昂四大不平衡现象，是满足企业多场景票据融资需求的创新产品。

票交所"贴现通"业务可以有力拓宽企业票据融资渠道、降低票据融资成本，并盘活部分沉淀票据资产，实现待贴现票据和待投放资金的精准匹配，有效打破传统贴现业务的信息不对称，满足企业多样化的票据融资需求，为贴现市场注入"开放""平等""互动"等网络特性，打造贴现市场新生态。经纪机构通过"贴现通"业务可以丰富对客票据融资服务品种，帮助企业解决贴现难、贵、繁问题，在增加经纪收入的同时更加有效维护客户关系。贴入银行通过票交所"贴现通"平台办理业务具备规范、高效、安全的优势，能在本行客户贴现需求不足的情况下，或自身贴现价格、服务、操作、承兑行有优势时，扩展直贴获客范围并提升内部经营效益。

江苏银行作为全国首批开展票据经纪业务试点的商业银行之一，凭借在票据业务上的数智化创新实践经验，充分发挥票据经纪业务优势，积极推进票据经纪业务，近几年"贴现通"撮合成交量一直稳居市场前列。江苏银行票据经纪业务推出以来，已累计通过"贴现通"服务企业客户1200多户，累计撮合成交约2260亿元，较好地服务了辖内企业票据融资需求，获得企业一致好评。

1."贴现通"业务相比传统贴现的优势。在传统票据贴现业务模式下，不同区域市场价格差异较大，不同银行贴现操作流程、贴现价格、承兑行授信范围差异较大，提高了企业票据融资操作成本，在一定程度上增加了企业办理票据融资的难度。同时，传统模式下对于"两小一短"的票据，即金额小、承兑银行小、期限短的票据，存在普遍的融资难、融资贵、融资慢问题。在业务操作方面，传统贴现业务需要企业在多家行开户、多家行询价，受制于不同银行间信息分隔与区域经营差异化，极大增加了企业票据融资的比价成本、沟通成本。

"贴现通"业务相比传统票据贴现业务，具有以下几个方面优势：一是"贴现通"业务可通过经纪行有效打通银企之间的信息沟通渠道，打破企业贴现信息受限的不利局面，从而提高了贴现市场运行的效率。二是"贴现通"业务通过委托经纪行极大拓宽了企业贴现渠道，可有效解决单一银行对承兑行授信不足的问题。三是引入贴现行竞争机制，通过公开询价方式，经纪机构能为贴现企业争取到最优的贴现利率，打破价格信息壁垒，降低企业的融资成本。四是避免企业在多家银行提供基础资料、办理开户、签署协议，显著提升了贴现业务操作效率与客户体验。

2.江苏银行"贴现通"业务。江苏银行自上线"贴现通"经纪业务以来，始终秉持"贴现通"业务要为企业提供一站式票据融资撮合服务、切实解决企业票据融资难题的经营目标，致力于通过数智化科技赋能，持续优化"贴现通"客户体验，不断提升经纪服务质效，以实现为企业提供更优质、更贴心的票据经纪服务。

（1）提供一站式线上化解决方案。江苏银行通过网银系统实现了"贴现通"业务全流程线上化。客户通过网银提交网签票据经纪委托书和协议，经江苏银行审批后，系统自动提交至票交所，完成客户准入和信息登记，统一建立"贴现通"客户信息档案。随后，企业在网银挑选有贴现需求的票据并一键提交经纪委托，即可安心等待贴现资金到账。在业务处理过程中，企业客户可实时查询票据当前状态，经纪撮合成交后由江苏银行系统自动发起线上化贴现服务，贴现资金于成交当日即可到账。

（2）快速匹配价格，信息公开透明。江苏银行围绕市场信息采集、信息共享的需求，收集贴现合作机构的每日实时报价表，建立市场报价数据库。企业只需一键发起业务委托，江苏银行便会根据委托指令快速面向全市场公开询价，采用"点对面扁平沟通"方式，以最快速度匹配最优价格，降低企业财务成本，减少传统票据贴现市场的信息不对称问题，使交易更加透明和公平。

（二）应用案例

DF控股有限公司成立于2000年1月，是苏州市纺织行业的高新技术企业。该公司下游客户数量众多且遍布全国各地，采用的结算方式主要为银行承兑汇票，其结算银票特征表现为期限短、金额小，且承兑行相当一部分是下游企业当地的中小银行，由于苏州本地银行对该类银行授信通常较少，该公司持有的该类银票流通性差，贴现渠道少，贴现成本较高。该公司长期被"两小一短"票据融资难问题所困扰：一方面，由于公司处于快速发展时期，资金需求旺盛，银票无法贴现给其带来较大资金压力；另一方面，出于维护供应链生态圈的总体战略目标考虑，需要积极支持其下游企业。票据融资难与维持供应链安全的矛盾日益突出。

江苏银行在得知DF公司票据融资痛点后，立即向该公司推介了"贴现通"产品，高效为企业办理了"贴现通"业务签约和信息登记。经过一段时间的试用，江苏银行陆续帮助该公司解决了超过两亿元的"两小一短"银票贴现问题，既帮助企业维护支持了下游客户和供应链稳定，也解决了企业票据融资难、融资贵、融资慢的问题，得到了企业的极大认可。

二、科技赋能票据产品创新，提供高效便捷贴现服务

金融科技是金融业发展的重要方向，江苏银行始终坚持"以客户为中心"，依托新技术、新场景、新模式以提供更加优质的金融服务。票据贴现是商业银行服务实体经济、服务中小微企业融资的重要基础产品之一。近年来，江苏银行票据业务依托数智化科技赋能，不断优化制度、系统、流程，以江苏银行"票e融"品牌为代表，陆续推出系列创新优质产品，进而破解中小企业票据融资难、融资贵、融资慢等难题，不断提升票据融资在做好金融"五篇大文章"中的作用。

（一）江苏银行"票e融"项目

江苏银行"票e融"数智化项目，是运用金融科技新技术，旨在全面推进票据贴现业务在获客方式、客户准入、额度审批、价格报送、业务审批、风险防控等方面全流程数智化再造，打造运营服务体验更优、机制流程更简、获客范围更广的票据业务运营体系。"票e融"可实现将传统的客户经理线下获客转变为线上获客，实现票据业务线上线下融合发展。

目前，在"票e融"品牌下，江苏银行已创新推出"普惠快e贴""普惠税e贴"两项产品，均为无接触式全线上化操作，以高效便捷服务不同类型客户。"普惠快e贴"主要服务现有内部存量业务客户，"普惠税e贴"主要服务各类中小微新客户。

1. 多渠道线上服务。对客营销上实现线上化、平台化、轻运营成本的多渠道获客，内部通过企业网银、手机银行、小程序等多端口获客，实现全线上化、多端口、全方位为客户提供票据融资服务。

2. 数智化审批放款。业务审批上依托内外部数据建立数智化审批模型，通过内外部数据的交叉验证，提供线上化、自动化的授信审批与业务审批，提升对中小微企业客户的票据贴现审批放款效率。

3. 大数据风险防控。在风险管理方面，引入大数据技术，依托内外部多元数据，构建票据风险防控内部模型，在"贴前、贴中、贴后"各个环节，对票据融资业务风险进行数智化识别与防控。

（二）应用案例

CZ有限公司成立于2004年6月，是无锡市食品行业的一家小型企业，产品供给当地几家大型食品贸易公司，双方多以银行承兑汇票作为结算方式，且承兑行种类多样。该公司规模小，能接触到的商业银行数量有限，因此贴现渠道少、贴现成本较高，导致在月末、季末等资金需求时点时常遇到资金流难题。

在江苏银行的推荐下，CZ有限公司使用了江苏银行推出的"普惠税 e 贴"产品，只需要客户在手机上申请，经客户授权后，系统获取CZ有限公司的财务和税收数据并自动核定贴现额度，使客户迅速获得票据融资服务，极大简化了票据融资流程。同时，企业可以在手机上实时查询贴现价格，上传发票、贸易背景等操作，操作简单且贴现价格相对优惠。在使用一段时间后，CZ有限公司认为"普惠税 e 贴"产品是目前市面上较为便捷智能化的票据融资产品，比其他银行同类产品更有优势，并向多家周边及上下游中小企业推荐使用。

三、下一步展望

票据是金融机构服务金融"五篇大文章"的重要金融产品。商业银行应依托科技金融赋能，充分发挥票据在社会经济发展中的功能与特性，不断创新票据业务产品与服务，优化服务方式与体验，在助力推动金融强国建设、服务金融"五篇大文章"工作上发挥重要作用。

江苏银行作为系统重要性银行之一，将继续坚定不移走好中国特色金融发展之路，聚焦金融"五篇大文章"，不断深化科技金融服务，数智化赋能票据业务发展，持续创新优化票据融资业务产品体系，强化合规经营与稳健发展，以自身特色化经营实现差异化竞争优势，切实履行服务实体经济的使命担当，不断推动票据市场高质量发展。

供稿单位：江苏银行

执 笔 人：陈　伟　卢嘉成

创新在线贴现模式
为中小企业注入金融活水

近年来，中国票据市场经历了显著的发展变化，不仅在市场规模上实现了快速扩容，制度建设、技术创新和实体经济服务举措方面也取得了长足进展。2024年票据市场供给持续向好，利率优势推动票据在服务实体经济、支持小微企业融资方面发挥着越发重要的作用。

江苏常熟农村商业银行股份有限公司（以下简称常熟农商银行）聚焦主责主业，坚定"服务三农两小"的市场定位，将票据业务作为提升普惠金融的重要抓手，致力于为企业客户提供综合化、便利化、链上化的票据金融服务。多年来，借助金融科技持续丰富票据产品体系、打造票据服务生态，为企业提供了便捷高效的融资通道，助力票据服务实体，为地方经济注入金融活水。

一、发挥票据优势，服务实体经济

（一）聚焦服务实体，打造票据生态体系

多年来，常熟农商银行持续践行普惠金融、服务实体经济的重要使命，将经营思路从"产品导向"调整为"客户导向"，为中小微企业构建票据全生命周期服务生态体系，围绕签票、收票、付票、贴现、提示付款、票据管理等场景提供各类线

上化、智能化、自动化、人性化的产品和服务，将综合票据服务嵌入企业生产经营及支付环节。

在票据贴现方面，各项产品均实现全程线上化操作，不设贴现票据张数、面额、剩余期限等门槛，高频推出小票活动与优惠，2024年办理票据贴现业务突破千亿元，平均单笔贴现金额169万元，户均贴现1538万元，小微企业户数占比近九成。同时，依托供应链核心企业信用在票据链上的传递，挑选适合的票据产品为核心企业及其上下游客户提供整套产业链融资方案，助其畅通结算融资、降低融资成本，实现金融活水的精准滴灌。

在票据结算方面，提供企业自助线上签票、系统自动提示承兑、系统自动提示收票、系统自动提示付款等服务，企业网银系统、企业手机银行端均支持电票业务操作，并设有线上签约、收票风险提示、自动交易快捷设置等服务，在保证业务办理安全性的同时提高了便捷度。不断优化渠道端票据业务相关的查询、通知、积分使用等人性化服务，长期采集客户多样化需求，持续升级细节功能，提升客户体验。

（二）数智创新驱动，践行数字化转型

电票业务天然具备数字化转型优势。近年来，常熟农商银行加快数字化转型在票据业务领域的探索步伐，从渠道、产品、流程、风控、营销等各个维度全面推动票据业务数字化升级。

在服务企业客户方面，更加注重提升用户体验，推出用户友好型系统功能，提供全产品线上化服务。增加微信小程序服务渠道，便利企业客户自主询价，了解常熟农商银行票据业务活动、票据市场行情等。通过数据的深度挖掘，整合各渠道客户的交易记录、行为偏好、财务状况等，构建全面客户画像，提供定制化服务方案。

在服务分支机构方面，打造行内数据中台赋能分支机构，结合内外部数据分析，及时为分支机构提供一手营销信息、经营方向指引等，推动总行政策和资源的更优配置。

在风险控制方面，构建基于大数据"定性+定量"的风险监测系统，构建各类票

据业务风控模型，将监管层面、票交所层面、内部制度和日常风险管理等要求在业务系统中实现刚控，提升风控的时效性、准确性和全面性。同时，为客户提供多项用票风险提示，实时监控贴现资金流向等，帮助客户更精准高效地识别和管理用票风险。

在业务宣传方面，利用社交媒体、视频平台等新媒体渠道，开展各类线上宣传活动，普及票据知识及风险防范技巧，扩大票据业务宣传面。

（三）交易精细管理，丰富票据融资渠道

密切关注票据市场的变化与发展，实时监控市场行情的波动趋势，适时地调整优化交易策略和票据资产配置方案，把握市场机会，确保有效地开展交易工作。借助数字化工具，构建详尽的交易对手画像和分析模型，有效识别交易对手业务偏好特征以及业务流程，帮助常熟农商银行交易员迅速地寻找契合的交易对手，加快资产流转速度，提高整体业务效率。积极丰富合作机构网络，延伸交易对手触角，丰富票据流转渠道，为企业客户提供更为畅通、便捷、高效的融资渠道。

二、在线贴现破解中小企业融资困境实践

（一）贴现业务

常熟农商银行秉承票据全生命周期经营管理理念，通过丰富应用场景、完善产品体系，满足企业多样化的金融需求，将票据打造为优势产品之一。借助银票自助贴现、无感贴现、协议付息贴现、商票保贴等一系列线上化票据产品，切实提升了企业融资的便利度和可得性。为企业量身定制综合融资方案，让低成本的金融活水流向众多小微、实体企业，增强金融服务的社会效益。

1.融易贴。2018年，常熟农商银行创新推出拳头产品"融易贴"，在农商行中率先推出在线自助贴现产品。经过多次升级迭代，产品线上化程度大大提升，承兑行准入范围大幅扩展、等级分类更加细化。该产品具有"线上申请、实时报价、高效放款"的优势，支持客户在企业网银或企业手机银行自助办理贴现业务，满足客户灵活办、实时查询、操作简便、快速融资的需求，广受客户好评。2024年度，常

熟农商银行"融易贴"产品累计服务企业6015户，贴现张数超过11万张，平均票面金额19.7万元。

在"融易贴"的基础上，针对小微企业收票金额散、张数多、融资渠道窄的痛点，常熟农商银行于2024年上线无感贴现产品，在网银收票环节叠加自助贴现业务，提供一站式票据服务，简化了操作流程，助力企业无忧收票。

A公司为成立于1992年的小型企业，应收款项中票据占比超过70%，且大都在基本账户开户行。企业有资金需求时会把票据归集至常熟农商银行账户后再发起贴现，贴现资金的主要用途为发放企业职工工资，缴纳水费、电费、税费及其他日常开销，该企业收票的张数较多且金额较散，但对融资的时效性有较高要求。常熟农商银行无感贴现产品上线后，客户经理第一时间联系客户试用，客户通过"收票立贴"一键完成收票和无感贴现，当月办理贴现业务4笔共计376万元，对该产品进一步提升用票便捷度的特点表示高度认可。

2.商易贴。为充分利用核心企业信用，借助供应链金融优势解决小微企业融资问题，常熟农商银行推出供应链商票保贴服务方案，打通核心企业和上下游企业间的金融服务渠道。常熟农商银行"商易贴"产品具有融资成本低、授信灵活和全程线上化操作优势，帮助产业链上下游的供应商、经销商等优化账期，获得低成本融资，实现了企业低息融资与银行客户拓面的双赢成效。

B企业是南通地区一家知名设备润滑企业，为当地县域百强企业，主要通过现金或银票支付货款，账期半年至一年，供应商大多有缩短收款账期和融资的需求。常熟农商银行根据B企业与上游供应商的结算规模、账期、支付方式，为其配置融资成本较低的商票产品，为上游供应商提供商票融资服务。上游供应商收到B企业签发的半年期商票后直接在常熟农商银行办理商票贴现，商票到期后再由B企业兑付票款。通过该模式，常熟农商银行成功为B企业的20户上游供应商提供低成本商票保贴融资服务，累计金额超过3700万元。

（二）"贴现通"业务

"贴现通"是票交所于2019年5月推出的票据创新产品，引入票据经纪制度打造全国范围的贴现服务平台，持票企业申请票据贴现时，可以委托经纪机构在"贴现通"平台登记贴现信息、发布贴现意向，帮助其在全国范围内寻找合适的贴现银行，落地贴现融资，打破了票据市场的信息壁垒，实现供需双方的精准匹配，增强票据贴现服务对小微企业的支持效果。

常熟农商银行作为贴现银行于2021年正式上线"贴现通"，落地首笔业务，并在新一代票据业务系统上线后对原有功能进行了升级。在升级"贴现通"功能后，常熟农商银行收到经纪机构浙商银行一家外资企业客户C委托询价，表示当日有一批次金额合计1500万元左右的小票需要贴现，张数多、金额零散、期限分散、承兑行参差不齐，询问能否为其快速办理票据贴现业务。获悉客户需求后，常熟农商银行立即启动行内低风险授信流程，联动浙商银行总部快速为企业办理，在当日完成审批放款。

2024年，常熟农商银行通过"贴现通"贴现的票据金额达18.5亿元。2025年，常熟农商银行将进一步加深与经纪机构的合作，拓宽服务渠道，让更广泛的企业客户享受到低利率融资服务。

三、票据业务未来展望

在经济金融环境持续变化的大背景下，票据业务作为企业重要融资渠道与金融市场重要组成部分，正站在新的发展起点。未来，票据业务有望在多个维度实现突破。在票据市场低利率形势下，企业对票据融资的需求将进一步提升；供应链金融、绿色金融等新兴领域将为票据业务带来新的增长点；随着贸易局势的转变和人民币国际化水平的提升，票据市场或将在跨境贸易与投资中发挥更大作用。

在上述大背景下，常熟农商银行票据业务有望进一步拓展服务边界、深化服务内涵，为实体经济的发展提供更为稳固、高效且多元化的票据业务支持。

一是持续推进票据业务技术创新与数字化转型。深化大数据、人工智能等新技术领域的应用，从顶层设计到服务细节，不断提升票据业务科技含量，持续构建自动化交易、智能化管理、线上化运营、场景化营销四维一体的票据业务数字经营体系。

二是不断加固票据业务风险防火墙。保持积极开放的学习态度，加强对经济形势变化下新风险的认识与判断，加强内部合规管理措施，及时落实新办法、新要求，严密防守新风险、新红线，持续完善风险防控机制，以数字化手段提升风险防控质效，筑牢风险防火墙。

三是探索业务合规创新与多元化发展。积极探索票据业务创新模式，如供应链票据、绿色票据等新兴领域，满足客户多样化需求。拓展票据业务领域和市场空间，加强与金融机构、科技企业的合作，共同探索票据业务+公司信贷业务、票据业务+科技服务、票据业务+同业业务等多元模式，激发票据新活力。

作为票据市场的积极参与者，常熟农商银行将紧跟时代步伐，持续深化金融科技应用，不断创新票据产品与服务体系，积极响应监管政策，严守风险底线，与市场各方携手共进，为推动票据市场的稳健发展贡献力量，在新时代的金融浪潮中，续写服务实体经济、助力经济高质量发展的崭新篇章。

供稿单位：常熟农商银行

执 笔 人：朱赟婧　皇甫嘉麟　徐安琪

▶▶ **第三篇 票据支付场景化应用赋能产融一体化** ·················

2024年"票付通"业务发展情况

2024年,票交所协同金融机构、产业平台,立足票据服务实体经济,聚焦线上票据支付("票付通"业务)提质增效,不断提升企业用票体验,增强票据支付功能与实体经济发展的适配度,充分发挥票据普惠金融服务的特点和优势。

一、多措并举,推动线上票据支付提质增效

(一)增强票据支付功能,提升全场景服务能力

随着线上票据支付功能应用不断深入,票交所深度挖掘企业结算场景,根据平台企业诉求优化了企业签约流程,丰富收付款业务模式,提升企业用票体验。新功能支持企业将业务签约与首次支付绑定,企业无须分步完成操作,大大提升业务办理效率。另外,线上票据支付业务增强了收票企业的操作便利度,实现收款订单与票据签收一键绑定,同时满足收款、付款企业线上票据支付需求。

(二)携手金融机构推动线上票据支付业务推广

票交所支持平台企业灵活使用存量电票账户开展线上票据支付业务,为提供更优质的企业用票环境,票交所不断推动线上票据支付功能全网推广。截至2024年

末，累计为182家金融机构开通了开户行服务功能，打通企业线上票据支付全网流转链路，惠及更多中小微企业。同时，票交所联合金融机构完善线上票据支付业务收银台功能，实现企业票据查付一体化服务以及开户行代理背书签章等功能，为企业提供安全、高效、便捷的票据支付工具。

（三）积极做好市场宣传，引入优秀产业平台

票交所积极开展线上票据支付市场宣介及业务培训，组织金融机构和B2B平台介绍优秀推广案例，发挥市场鲇鱼效应，扩大业务影响力。产业平台所属行业包含煤炭、稀土、钢铁等大宗商品以及工业制造、电力等行业，区域范围覆盖长三角、珠三角、京津冀以及西部等地区，全年新增3家B2B平台。随着新增平台接入，线上票据支付服务外延不断扩大，市场渗透率逐步提升。

二、践行普惠金融，助力实体经济高质量发展

2024年，票交所围绕金融"五篇大文章"，以线上票据支付为抓手，在科技金融服务、普惠金融服务以及数字金融服务方面取得一定成效。截至2024年末，累计11家合作金融机构、212家电票接入机构、45家B2B平台以及7279户平台企业参与"票付通"；累计发起支付订单3.09万笔、订单金额1292.31亿元，金额较上年末增长22.10%；累计完成票据支付3.41万笔、支付金额1032.99亿元，金额较上年末增长29.21%。

（一）全力保障科技制造企业日常经营结算活动

2024年，"票付通"服务科技制造业力度持续加大，全年支持科技制造企业完成线上票据支付224.81亿元，同比增长109.47%，科技制造业企业在线上票据支付金额中占比达到96.27%，较上年提升9.35个百分点。其中，成功保障91家科技制造业供应商通过"票付通"从下游企业收回货款123.35亿元，较上年增长133.92%；支持190家科技制造业企业通过"票付通"支付货款76.13亿元，较上年增长118.88%，降低了企业财务支出成本。

（二）普惠金融服务成效持续增强

随着"票付通"业务在企业结算场景扩大应用，票据服务普惠金融成效更加显现，全年支持小微企业完成线上票据支付156.72亿元，同比增长102%，占比达到67%，占比较上年提升5个百分点。其中，小微企业使用存量票据支付金额占比达到53.01%，平均票面金额为62万元，约为中大型企业存量票面金额的48%，有效帮助小微企业盘活存量票据；支持涉农企业完成线上票据支付18.70亿元，同比增长73%，占比达到15%，占比较上年提升3个百分点；支持民营企业完成线上票据支付186亿元，同比增长75.61%，占比达到80%，占比与上年基本持平。

（三）助力平台经济数字化转型

"票付通"覆盖工业制造、大宗商品、电力等行业的重点B2B平台。B2B平台借助线上票据支付工具，适配不同企业结算场景，推动产业链数字化转型。其中，支持稀土交易平台以及陕煤平台使用线上票据支付完成首笔大宗商品货款结算，实现稀土、煤炭等大宗商品从交易到票据支付的全线上化流程；支持206家南方用电企业向电网公司缴纳电费101.38亿元，同比增长91.29%，在有效缓解企业现金流压力的同时，帮助电网公司实现电费快速回收；国内头部智能家电制造企业利用"票付通"见证支付功能完成线上零部件采购，全年完成线上票据支付131.38亿元，同比增长116.26%。

三、未来展望

未来，票交所将继续协同市场参与各方推动线上票据支付更加精准高效地服务产业经济与实体企业，积极拓展业务应用新场景，适应企业支付结算新业态，探索线上票据支付合作新模式，以市场需求为导向，不断完善业务生态，优化业务流程，增强场景化服务能力，拓展线上票据支付服务的广度和深度，发挥票据支付功能优势，更好服务实体经济发展。

供稿单位：上海票据交易所

执　笔　人：张艳宁　俞　乾　李忠仁

推动线上票据支付应用
促进产业链金融业务发展

近年来，随着互联网技术的快速发展，众多大型企业纷纷成立B2B电商平台，以期通过数字化手段提升交易效率、扩大业务规模。2016年12月，票交所的成立标志着中国票据市场全面进入电子化时代，票据支付的安全性、便捷性大幅提升，逐渐成为企业间支付结算和资金融通的重要工具。在此背景下，B2B电商平台引入票据支付是大势所趋。如何实现电商平台与票据的完美结合、解决企业票据支付平台化问题、保证票据支付平台化的公允性、消除平台间陌生企业支付的不信任感就成为建立电商平台支付优势、扩大平台影响力的关键因素。

2019年初，票交所正式推出"票付通"产品，为B2B电商平台提供了全新的支付解决方案，有效解决了账期信息不对称、支付信任缺失等问题，为票据支付的互联网化奠定了基础。

一、从痛点到突破：票付通的实践应用

平安银行自2020年接入"票付通"业务以来，积极探索拓展"票付通"应用场景，已为多家B2B平台提供相关服务，办理"票付通"业务4.3亿元。

2024年，秦岭数字科技有限责任公司通过平安银行，为其运营的"秦岭云商"

平台上线"票付通"服务。秦岭云商是陕西煤业化工集团联合京东打造的大宗商品电商平台，该平台通过整合集团自有资源和地方优质煤炭、化工、建材等能源化工类资源，为用户提供大宗商品的一站式供应链服务，涵盖网上交易、物流配送、支付结算等多个环节。

（一）平台业务运营与痛点

秦岭云商成立之初已与平安银行建立密切联系，在大宗供应链融资生态共建、结算业务、票据业务等方面进行深入合作。然而，随着平台业务规模的不断扩大，在传统现金支付模式下，付款企业资金压力大。企业通过票据支付可以减轻资金压力，但在线上交易场景下，支付关系的信任问题亟待解决。

（二）票付通解决方案

针对秦岭云商的业务痛点，平安银行通过"票付通"产品为其提供了解决方案。

1.电子票据锁定与背书支付：在供应商发货当天，采购方即可在平台上锁定符合供货金额的电子票据，并锁定票据被背书人为指定供应商，供应商即可及时掌握收款信息，满足供应商按时回款的需求。

2.线上支付闭环：货物送达后，采购方验货通过即可向平台发出支付指令，将锁定的电子票据背书支付给供应商，实现支付流程闭环。这一方案解决了账期信息不对称和支付信任问题，显著降低了票据管理成本，为平台供需双方提供了简单高效、安全便捷的支付体验。

同时，平安银行于2024年上半年完成新"票付通"功能投产，未来将基于票据找零支付、即时支付等业务功能，为企业提供更便捷、更安全、更高效的线上支付服务。

二、票据支付的互联网新生态

"票付通"产品的成功实践，不仅为秦岭云商这样的大宗商品平台提供了创新支付解决方案，也为B2B平台行业树立了标杆，开创了票据支付的新模式。可以预见，随着"票付通"产品的推广和应用，将为更多行业和企业带来高效、安全的支付体验。

（一）扩大各类应用场景

平安银行基于"票付通"在煤炭行业平台的探索实践，进一步深化线上票据支付在大宗商品交易领域的应用，通过为企业提供灵活的票据支付方式，助力企业提升交易效率和资金流转速度，降低企业流动性压力。同时平安银行将在更多领域、更多行业推广应用"票付通"，丰富B2B平台的线上支付工具，助力制造业、能源行业企业提高供应链管控水平、降低企业财务成本。

（二）推动功能服务升级

1. 优化用户体验：协助平台做好场景化改造，简化"票付通"操作流程，提升用户界面友好度，降低企业用户的使用门槛。

2. 加强风控能力：在票据支付场景中进一步完善风险控制机制，确保支付安全，特别是在大额交易和跨平台支付场景中，确保货票安全。

3. 推动场景多元化：深化与各类行业平台的合作，探索票据支付在跨境支付、产业链协同等更多场景中的应用。

4. 完善配套服务：为用户提供更全面的配套服务，如推动票据支付与票据融资联动，进一步提升票据支付的综合价值。

随着票交所创新支付产品功能的不断升级，"票据＋场景"的支付应用将更加多元化。平安银行将继续深化与平台企业的合作，推动票据支付在更多企业结算场景中应用，为全心全意服务实体经济、深入促进产业链金融业务发展贡献更多力量。

供稿单位：平安银行

执笔人：张　娟　王　晖　王学梅

深耕票据支付创新实践
护航实体经济高质量发展

　　海尔集团财务有限责任公司（以下简称海尔财务公司）作为首批直连ECDS的财务公司，15年来始终紧跟我国票据市场建设步伐，在票据支付方面积极实践，探索创新。作为票交所创新产品延伸到实体经济的桥梁，海尔财务公司一端对接票交所，另一端以服务集团产业链为核心目标，深度融入集团公司成员单位日常经营，为集团公司各业务场景提供快捷高效的结算服务。基于票交所相关票据产品服务，海尔财务公司已经搭建起覆盖集团全产业链票据场景的数智化服务能力，成为集团公司加强采购管理、提高产业链运行效率、强化财务成本管控、推进数字化资产管理不可替代的工具。

一、融合新一代票据业务系统与产业需求，大力推广新系统票据

　　海尔财务公司以用户为核心不断驱动产融生态圈自我迭代升级，持续推进票据创新产品及服务在海尔集团的最佳实践应用。公司在2023年全面推进票据全场景全流程数字化管理、流程风险管理、企业信息报备一点接入自动化处理、代理供应链票据到期清算的基础上，2024年全面推广新系统票据业务场景应用，进一步与集团票据统一管理平台"票据通"深度融合。

（一）新系统票据业务场景推广应用

2023年9月26日，票交所倡议"各金融机构要积极引导企业客户通过中国票据业务系统办理票据业务，推动客户的票据签发、背书、贴现等业务加快向新一代系统迁移"。海尔财务公司积极响应，大力推进产业端场景应用：2023年已实现对供应商100%支付新系统票据，在推进过程中主动提示供应商在开户行进行企业信息备案，确保票据业务顺利开展。2024年，针对集团产业以及产业客户，分别出具书面沟通函，双维度详细宣传新系统票据的特性及优势，帮助用票企业及时了解票据市场及产品的最新变化，以及给企业票据结算和票据融资带来的便利。通过每周数据分析，并联产业锁定目标客户，积极推进市场使用新系统票据，确保产业最佳用票体验。海尔财务公司新系统票据到期解付的历史数据中，最多的背书100多手，平均每包票被分包了近10次；且还原到分包的平均背书达5~6手。粗略测算（仅海尔财务公司承兑），可为产业链上游的全部供应商累计节省二次开票费上千万元，有效降低了产业链上游供应商财务成本。

（二）集团"票据通"平台实现票据统一管理的深度融合

海尔财务公司利用现有的数据治理体系，将票据业务场景的合同、发票进行整理入仓，与集团"票据通"平台对接，将经过治理的数据提供"票据通"平台进行场景支持。同时，利用电子票据天然的数字化优势，为集团产业提供到期的票据资产监控；通过产业票据池的建立，管控票据整体的法律风险，避免或有风险的出现，使集团流动性管理更加精细、平顺。

二、积极推广"票付通"支付，提升集团产业管理诉求

自2020年成功申请接入票交所"票付通"后，海尔财务公司便不遗余力地推动"票付通"在集团内部的场景应用。截至2024年末，借助"票付通"完成支付的票据金额已累计超过640亿元。"票付通"业务的应用，为产业链企业间的账期支付筑牢了安全防线，极大地提升了支付的便捷性与高效性，还实现了订单相关的贸易、物流和支付信息的深度融合，为企业后续开展融资工作奠定了数字化基础。

海尔财务公司在2023年已将供应商往来账务核对、产品质量索赔等管理职能融入"票付通"支付管理。2024年，海尔财务公司进一步探索创新，聚焦内部开票环节，积极研究将数字化AI融入其中的可能性。同时，基于现有的票据场景数据治理工作，对所有的合同和发票数据进行系统自动化提取，同时按照具体开票银行进行细致的分类整理。为后续的数字化预算驱动工作筑牢基础，助力集团产业公司在财务管理和业务运营等方面实现更高水平的数字化转型和发展。

三、赋能集团票据管理——"信用风险管控"

在票交所时代，票据多元化市场主体参与程度不断提高，电子化交易的操作风险大幅降低、交易效率显著提升。在此环境下，海尔财务公司票据业务风险管理的关注重点是信用风险和流动性风险。海尔财务公司始终坚持立足集团、服务产业的基本理念，通过"风险平台"的建设，升级票据业务的信用风险管理以及集团整体的流动性风险管理。

针对票据业务风险管理，海尔财务公司充分发挥在票据业务数字化信用风险管理方面的优势，以大数据风控平台为基础，依托风险决策引擎，进一步应用自动化、智能化技术，重塑票据业务场景边界。在具体应用中，海尔财务公司从票据业务清单出发，以流程为主线，梳理各环节风险点、控制措施、责任岗位、职责权限、控制文档、参考制度等控制要素，形成控制矩阵，以实现业务流程化、流程数字化、节点标准化、职责明晰化的管理；同时确定了票据风险管理的偏好，服务产业真实的贸易背景，满足产业整体的票据需求。风险管理审查审批人员可以对支付预算信息、合同信息、发票信息进行数字化比对验证，实现全流程节点的数字化模型管控。2024年，海尔财务公司通过设计产业下游客户信用评价规则，并联资金中心制定多样化收款方式的管控政策，实现高效赋能集团产业应收场景。公司通过产业交易数据、外部大数据、票交所数据的融合应用，完成了信用风险数据集市搭建，通过数字化风险决策引擎的规则、模型及策略设置，可以有效对承兑人进行全面的信用评估，完善了交易对手的风险画像，从事前、事中、事后建立一整套行之有效的风险评估体系。

在落地应用环节，海尔财务公司协同集团产业开发了自有系统面客端的操作应用。借助该应用，可完成对承兑人白名单准入、黑名单拒收、票据风险等全流程的一键自查及结果反馈执行。这不仅能把控收款风险，还能大大提高交易对手核查效率，有效控制和降低企业信用风险，实现财务公司金融风险管理能力与产业协同发展的深度融合，为产业生产经营保驾护航。

四、未来展望

金融体系得以稳健运行，信用是基石。对于商业银行、财务公司以及出票企业等市场主体而言，合规是必须时刻坚守的生命线。在票据业务方面，我们需要确保业务有序发展，谨慎经营管理票据承兑信用，推动维护市场的稳定与健康。

海尔财务公司将在票据业务领域持续深耕，凭借创新思维，不断探索票据业务的新模式与新路径；依靠专业能力，为票据业务的开展提供坚实保障；运用数智化工具，提升业务效率与服务质量；采取务实举措，切实助力票据行业服务实体经济高质量发展。同时，海尔财务公司积极深度融入集团实体产业链生态圈，着力提升票据产品及服务能力。通过不断发挥票据产品服务实体经济的作用，为客户提供更为高效、优质的票据金融服务。未来，海尔财务公司有信心开启票据业务发展的崭新篇章，为金融市场和实体经济的协同发展贡献更多力量。

供稿单位：海尔集团财务有限责任公司
执笔人：任 涛 董 铭 吴舒怡

创新与规范并举　管理与服务并重
数据信息产品服务质效稳步提升

为更好满足市场需求、深入挖掘数据价值，票交所于2022年分别推出了"集票宝"和"票信宝"两项数据信息产品。其中，"集票宝"产品面向集团企业，支持其有效归集下属企业票据信息、更好防范票据业务风险；"票信宝"产品面向市场机构，支持其准确把握票据市场行情变化、助力提升票据业务经营绩效。2024年，在严格对照政策要求、深入把握市场需求及相关实践经验的基础上，票交所重点围绕产品内容、运营体系以及数据规范流转三个方面扎实开展相关工作，有效推动数据信息产品市场应用持续拓展、服务质效稳步提升。

一、数据信息产品应用进展及成效

（一）积极响应用户诉求，扎实推进产品服务优化

自数据信息产品推出以来，票交所高度重视用户体验，持续通过电话沟通、问卷调查、实地调研等多种方式收集用户反馈，并有针对性地推进产品内容优化、服务提质等各项工作。2024年，在"票信宝"产品方面，票交所结合市场机构的合理化需求，相继调整盘中统计模块展示方式，更直观、细致地呈现转贴现对话报价的变化情况；市场概览模块将按日下载优化为按月下载，助力市场机构提升工作效

率，更好发挥数据的"导航"功能等。在"集票宝"产品方面，票交所结合部分集团企业关于数据服务内容和方式等方面的意见建议扎实开展分析论证，目前已形成初步的产品优化需求方案，后续将根据工作实际有序、稳妥予以推进。

（二）推动开展合作运营，有效提升产品服务水平

2024年，为进一步规范数据信息产品服务工作机制、提升信息产品服务效率，票交所与全资子公司中票信息技术（上海）有限公司展开合作，成立专人小组负责信息产品的销售和运营工作，以精细化的分工更好满足集团企业和市场机构需求。运营机制调整后，一方面，能够更好、更快响应用户在产品销售、使用、售后等环节上的相关诉求，进一步改善和提升信息产品的市场体验；另一方面，有利于业务部门专注于信息产品本身，为数据信息产品的可持续发展保驾护航。在上述工作机制的有力支持下，两项数据信息产品服务质效稳步提升、市场覆盖持续拓展。截至2024年末，"集票宝""票信宝"两个数据产品覆盖的集团企业和市场机构分别达到69家和88家。

（三）全面开展摸底调研，保障数据流转规范有序

数据资源的规范流转和使用，既是党中央、国务院关于发挥数据要素价值的明确要求，也是推动数据产品可持续发展、更好防范相关风险的必然选择。2024年，依照《国家数据标准体系建设指南》中关于数据"供得出、流得动、用得好、保安全"的总体原则以及上级主管部门的相关要求，票交所对1200多家市场机构开展了专项性的摸底调研，提醒并督促市场机构严格遵守相关规范、合理使用相关数据。同时，通过持续、深入开展市场调研，票交所也进一步畅通了与集团企业、市场机构以及用票企业之间的沟通渠道，提升了数据信息产品创新的精准度和有效性，以更好发挥数据资源价值、赋能票据市场和实体经济创新发展。

二、未来展望

下一阶段，票交所将在持续发挥金融基础设施数据信息服务功能的基础上，深

入贯彻落实中央金融工作会议的决策部署，着力构建票据服务金融"五篇大文章"统计体系、不断完善数据信息服务机制，为管理部门和市场主体提供全面、准确、及时的数据支持。同时，票交所将持续跟踪数据信息产品运用情况及市场需求变化，不断优化运营服务及产品内容，进一步推动数据规范流转使用，努力为集团企业和市场机构等提供更为优质的数据信息服务，更好发挥数据赋能实体经济功能。

供稿单位：上海票据交易所

执 笔 人：孙馨瑶　郭宏坚

挖掘数据价值
"票信宝"有效提升新质生产力

票交所是我国金融市场的重要基础设施，除具备票据报价交易、登记托管、清算结算等功能外，也是我国票据市场的数据分析中心和信息服务中心。票交所推出的"票信宝"产品为参与者提供了全方位的票据市场数据信息服务，为业务发展和风险防控提供了有力支撑。南京银行利用票交所提供的信息服务，充分挖掘票据市场数据价值，持续为票据业务高质量发展赋能。

一、"票信宝"产品介绍

（一）功能特点

"票信宝"产品提供了多方位的数据信息，具体包括：一是实时展示盘中交易报价和成交信息，尤其是转贴现业务分贴现行信用等级AAA和非AAA，按不同承兑人信用等级展示各月份到期品种的交易信息。二是采用日报和月报的统计方式反映一级和二级市场情况，分期限和机构类型等维度展示利率、业务量、余额、到期量等业务情况。三是通过对数据的深度挖掘，多维度展示企业和金融机构参与承兑、贴现、转贴现和质押式回购业务的情况。四是通过基准指标形成市场定价的锚。五是支持批量上传查询票据风险状态。六是每季度发布票据市场运行情况。

（二）产品优势

"票信宝"提供的信息服务为市场机构在经营方面提供了诸多便利，具体包括：一是交易数据盘中实时展示，方便市场机构灵活制定和调整当日业务报价和交易策略。二是通过基准指标和多维统计数据的查询，帮助市场机构有效定价和复盘，完善利率趋势分析框架，及时制定和调整后续票据业务经营策略。三是通过对数据的多维和深度挖掘，帮助金融机构更好获客和建立票据业务经营的考核与评价体系。四是通过对票据风险状态的批量和实时掌握，可以有效提升市场机构的风险防控水平。

二、南京银行使用数据服务的实践

（一）数据服务的使用机制

南京银行深知数据信息的宝贵价值，将其作为驱动业务发展的强劲引擎，形成了一整套数据赋能票据业务发展的良性机制。南京银行依托从"票信宝"产品每日获取的业务数据，结合交易员在同业机构间了解到的市场动态，搭建了票据业务数据收集与分析平台，全方位整合内外部数据信息，通过每日晨会、票据策略周例会、季度投资策略会等方式分享和分析市场情况，复盘上一阶段交易策略执行情况，判断下一阶段利率走势并灵活调整经营策略，每一个环节都有数据支撑，更好驱动票据业务发展。

在数据使用中，南京银行牢牢将防范数据信息泄露和滥用风险事件发生作为坚守的底线。南京银行在加强数据安全管理和数据权限管理、提高传输链路管控能力、提升用户隐私保护意识等方面持续投入，在数据加密传输、数据私有化、系统用户管控、系统页面水印显示、终端禁止截屏、禁止数据下载与导出等环节采取综合措施，全流程进行监视与管控，从而确保数据的安全性和合法性。

（二）数据利用的创新案例

在系统建设方面，南京银行依托"票信宝"每日市场交易和分析数据，通过采用数据加密、访问权限控制等手段在行内企业级数据仓库进行存储，下游应用系统"金融市场研究平台"定时对数据进行解析与加工，以电子化《票据日报》（见图

4-1）形式在系统中进行展示。同时，为方便交易员快速了解票据市场变化情况，移动端应用"南银鑫客"设立票据专栏进行随时查阅。《票据日报》围绕每日票据市场利率波动、供给情况以及交易行为三大方面，通过柱形图、饼图、表格等形式，将6M国股银票转贴现利率同比情况、全市场承兑和贴现量统计、贴现填补当月到期量进度、各机构买卖断轧差等维度进行全方位直观展示，有效传达数据分析结果，帮助全行交易员快速把握市场趋势，制定差异化交易策略。

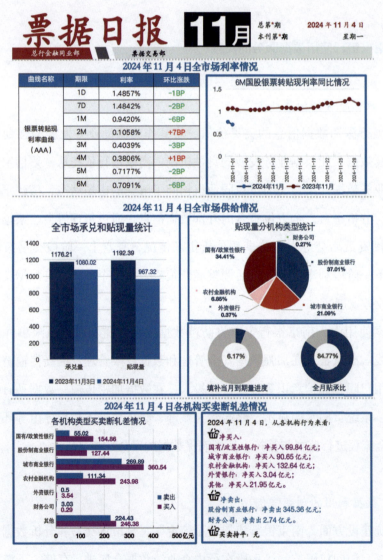

图4-1 《票据日报》图例

（数据来源：上海票据交易所）

三、为业务充分赋能，有效提升新质生产力

（一）帮助拓客，促进业务发展

南京银行积极利用"票信宝"产品提供的数据信息为票据业务拓客，有力推动了业务发展。通过"深度分析"模块中的多维分析了解到所在经营区域内票据业务的市场容量、市场潜力和用票企业的行业分布结构，分别对出票人、未贴现票据持票人、贴现申请人所属的行业结构进行分析，为承兑和贴现业务有针对性地营销获客，在业务客户数和业务量上都实现了较快增长。

以无锡地区贴现业务开展情况为例，未贴现票据持票人以制造业企业为多数，并且持票人企业主要集中在辖内的江阴市、新吴区等区域。基于此，南京银行无锡分行有针对性地对上述重点区域内的制造业企业开展了票据贴现业务营销，2024年南京银行无锡分行的票据贴现业务取得了长足进步，全年银票贴现量较2023年大幅提高约299亿元，市场占比达28%。

（二）为业务定价和经营策略制定提供重要支撑

南京银行积极利用"票信宝"提供的统计日报和盘中统计数据为每日业务定价和经营策略的制定提供重要支撑。通过统计日报中的贴现业务数据，可掌握贴现市场业务量在不同类型机构中的分布情况以及各类型机构的贴现业务报价。通过盘中统计数据，交易员可实时掌握不同信用等级票据的二级市场报价和成交情况，为交易员的对客报价提供了决策依据，也有助于机构实时调整交易策略。同时，二级市场不同信用等级票据交易利率的差异，反过来也为不同信用等级票据的贴现业务定价提供了参考。

此外，通过对过去一个阶段转贴现交易量分机构类型进行分析，可清晰总结出各类市场机构的交易偏好和经营策略，从而预判未来一个阶段票据市场利率的走势，有助于本机构当天的贴现业务报价以及未来一个阶段交易策略的制定。

（三）支持实体经济发展，有效降低企业融资成本

南京银行通过"票信宝"产品提供的业务数据，精准捕捉企业的需求，为实体

经济提供融资支持。同时，为了重点支持制造业企业、科创企业、小微企业等的发展，南京银行额外给予这些企业贴现价格优惠，有效降低其融资成本。2024年，南京银行提供贴现服务的企业数量同比增长82%，其中，服务制造业企业数量同比增长103%，给予贴现价格优惠达17个基点；服务科创企业数量同比增长117%，给予贴现价格优惠达20个基点；服务小微企业数量同比增长85%，给予贴现价格优惠达12个基点。此外，南京银行通过再贴现业务传导服务申请人企业的数量同比增长861%。

（四）持续提升风险防控水平

借助"票信宝"产品提供的信息服务，南京银行能够有效提升票据业务的整体风险防控水平。

在防控信用风险方面，南京银行以"票信宝"提供的海量数据为数据源，构建差异化风险预警模型，不断迭代更新，实时监测企业与同业客户的信用风险状况。当风险预警时，快速采用控制措施，有效防范和化解票据业务风险。例如，通过风控查询功能，实现对票据风险状态（挂失止付、公示催告、除权判决、司法冻结和待债务确认）的批量查询，及时掌握库存持有票据的信用状况，同时作为用票企业开户行，为企业客户提供票据风险状态提示和查询服务，从而有效控制票据业务整体信用风险。

在防控市场风险方面，南京银行通过每日对贴现业务、转贴现业务和质押式回购业务金额、利率等进行跟踪，结合每日发布的转贴现收益率曲线，预判出未来一个阶段票据市场利率走向，制定出有效的经营策略，将票据业务的市场风险水平控制在合理区间内。

四、未来展望

未来，南京银行将进一步利用"票信宝"数据，实现票据业务精准化、创新化管理。运用人工智能和机器学习等技术，深度挖掘分析每日"票信宝"数据和本行票据交易数据，构建适用本行票据业务大模型，通过不断迭代和训练，在开展票据业务前提供定价估值与交易预判策略，在交易中提供快速挑票与自动化审核，在交易后提供业务回溯分析与自动清算等功能，实现对票据市场动态的全面洞察、交易策略的智能化管理和业务风险的实时监测。同时，通过引入票据相关企业财务数据、经营管理数据、标签属性数据，结合"票信宝"产品数据，构建票据客户360度画像，根据客户各阶段特征生成生命周期，指导业务人员形成差异化营销策略，激发票据业务发展活力，实现票据业务在创新化、数智化和特色化赛道上的可持续发展。

供稿单位：南京银行

执 笔 人：金 旋 姜贝贝

票据数据服务
赋能企业数智化转型发展

广西交通投资集团有限公司（以下简称广西交投集团或集团）是广西壮族自治区人民政府直属国有独资企业，注册资本301亿元，主要承担广西高速公路、铁路建设发展任务。广西交通投资集团财务有限责任公司（以下简称广西交投财务公司或财务公司）是经原中国银监会批准成立的非银行金融机构，注册资本40亿元，作为广西交投集团"内部银行"，履行金融服务和辅助集团管理双重职责。2024年8月，广西交投财务公司依托票交所"集票宝"，投产上线"票视通"票据信息管理服务平台。"票视通"与新一代票据业务系统、供应链金融系统并驾齐驱，为成员单位提供票据金融服务、为集团提供票据管理支持。

一、广西交投集团"集票宝"应用实践

广西交投财务公司以实现票据管理"可视—可用—可控"为目标，由易到难、由浅入深，循序推进票据集中管理。

（一）搭平台，完善票据业务管理基础

广西交投财务公司始终紧跟中国票据市场发展步伐，密切关注国家金融监管政

策动向，坚持走金融科技赋能企业发展之路。2017年以来，先后接入电子商业汇票系统（ECDS）、中国票据交易系统、新一代票据业务系统。2022年11月，在了解到票交所面向企业集团推出"集票宝"票据信息产品后，广西交投财务公司迅速反应，于2023年2月向票交所递交"集票宝"票据信息平台接入申请以及首批98家法人成员单位票据查询申请；2023年3月，获票交所批准接入；2023年4月，正式开始全量采集成员单位票据信息，实现票据台账管理；2024年8月，配套集团司库体系建设上线"票视通"票据管理服务平台，正式向成员单位开放票据数据查询服务。

（二）立制度，确立票据业务基本规范

受票据业务系统逐步完善、"集票宝"票据数据加持、票据管理经验积累以及司库体系建设要求四重因素驱动，广西交投集团着手建立票据业务基本制度。2024年7月，广西交投财务公司起草的《广西交通投资集团有限公司商业汇票业务管理办法》（以下简称《办法》）获得集团办公会审议通过。《办法》共7章43条，包括总则、管理机构与职责、基本规定、票据管理、核算与对账、风险与监督管理、附则，确立集团票据业务基本规范。一是明确票据管理职责分工。《办法》明确集团财务部的主管责任、财务公司的日常协管责任和下属单位的具体运用责任。二是对票据数据采集作出明确要求。《办法》规定各级成员单位应授权财务公司通过票交所采集本单位票据信息。三是严格票据行为管理。《办法》对出票、承兑、保证、质押、收票、退票、贴现、转贴现、再贴现、追索等票据行为进行了全流程业务规范。

（三）建模型，构筑票据风控底层能力

基于"集票宝"的票据信息，结合票据风险防控实际需要，广西交投财务公司设计开发四套票据风险监控模型，辅助集团建设四重票据风险防控能力。一是票据流动性风险防范能力。将票据业务纳入资金预算管理，根据应收和应付票据到期日自动编制资金流入和资金流出预算，发布应收票据到期收款提示，依据临期应付票据提前备款，保障到期票款应收尽收、应兑尽兑。二是票据信用风险防范能力。设置商业承兑汇票监控规则，对签发、签收商业承兑汇票进行监控和预警，严格防范

低信用等级票据风险。三是票据内控风险防范能力。将开通网银电票功能视同新开银行账户严加审批，对电票系统操作员少于两人或将一人同时设置为经办人和复核人的情形进行监控预警，严格防范"一人通办票据业务"。四是票据市场风险防范能力。设置开票保证金比例和贴现利率监控规则，对高保证金开票、高成本贴现的票据业务进行预警，防范资金资源低效配置和高成本融资。

二、广西交投集团"集票宝"应用成效

票交所"集票宝"票据数据产品，有力推动了广西交投集团票据管理走向全面可视和全面可控。

（一）解决票据采集难点，实现票据信息全面归集

过去，因缺乏有效抓手，广西交投集团票据集中管理推进乏力，人工采集票据信息的方式，漏报、错报时有发生，迟报、不报难以杜绝，人工汇总差错也难以避免，票据信息的准确性、及时性、可靠性均无法保证，票据风险防控力和决策支持力微弱。而银行电票直连的方式，需要与开票银行逐一进行系统对接，开发成本高、联调周期长、连接效率低。财务公司作为票交所的直接参与者，两者之间的专线直连为票据信息采集提供了快捷通道。票交所"集票宝"数据信息产品帮助广西交投集团实现了票据信息"一点接入、全量采集"，成本低且效率高，解决了广西交投集团票据信息采集的难点问题。

（二）消除票据信息盲点，实现票据管理全面可视

广西交投财务公司将"集票宝"数据充分提取融合，通过"票视通"票据信息管理服务平台，向集团各级成员单位提供票据管理全景视图，实现票据在集团内上下"一本账"。一是向各基层成员单位在线输出本单位票据台账和统计报表，并且提供与会计核算系统的"对票"服务，有效提升成员单位票据合规使用和安全管理水平。二是向二级管理单位在线输出本级及下级单位票据台账和统计报表，为二级管理单位履行票据穿透管理和在线监督提供便利。三是向集团和财务公司在线输出

160

全级次成员单位票据台账和统计报表，并在集团司库BI大屏提供票据展示和分析功能，为集团经营发展提供票据数据决策支持，为财务公司精准研发票据融资及票据服务产品提供数据支撑。

（三）强化票据风控要点，实现票据管理全面可控

"集票宝"的票据信息服务，加速了广西交投集团票据业务专项制度落地。成员单位授权财务公司通过票交所采集票据信息的制度性规定，将技术优势转化为业务基础要求，推动广西交投集团票据管理制度化、制度流程化、流程标准化进程。"集票宝"的全流程、高精度票据信息，为企业实施票据精细化管理提供了可能。广西交投集团基于"集票宝"，强化了对高保证金开票、低信用收票、不合规保证与质押、高成本贴现、逾期收款、逾期兑付6类高风险票据行为的严格管控。2024年，广西交投集团日均票据存量600余张，日均票据余额超过50亿元，未发生任何票据风险事件，牢牢守住了票据安全底线。

三、未来展望

票交所"集票宝"票据数据产品与当前企业集团司库体系建设要求高度契合，企业集团基于"集票宝"数据可衍生诸多票据管理应用场景。"集票宝"数据结合企业司库系统建设，能够在票据集中管理、票据风险防范、票据价值创造、企业决策支持方面发挥很大助力，具有很好的推广应用价值。"集票宝"助力广西交投集团实现了"可视—可控"的票据管理目标，也为集团进一步整合票据资源、创造票据价值提供了方向。广西交投财务公司将加速推进多银行电票直连，推动实现票据业务全流程在线操作，完成票据管理"可用"目标闭环；完善集团统一票据池，统筹内外部票据授信资源，合理配置票据保证金资源，为集团提供一揽子票据管理解决方案，贴近成员单位提供个性化票据融资服务。

供稿单位：广西交通投资集团财务有限责任公司

执 笔 人：丁梦昀　杨天然　林 琳

第五部分

CHAPTER 5

票据市场赋能实体企业

票据添动能 链接新发展

随着经济发展和金融市场不断完善，商业银行票据业务在服务实体经济、稳固供应链发展、增强经济活力等方面发挥着越来越重要的作用。票据服务的可获得性、操作的便利性、更低的融资成本，使之成为中小微企业结算融资最欢迎的工具与载体，也成为银行服务中小企业的有力抓手。

中信银行作为国有金融企业，始终胸怀"国之大者"，秉持"远见成就卓越、致广大而尽精微"理念，用心服务好每一家企业，在票交所的引领下，力争提供一流的票据产品与服务，为广大企业增添新的动能，为实体经济链接新的发展。

一、坚守初心，忠实服务实体经济[①]

商业银行通过提供票据服务，能够有效促进市场资金流通，支持实体经济的融资需求。中信银行一直以来非常重视票据业务发展，通过建立完善且高效的票据全生命周期服务体系，综合运用各类票据结算融资工具，降低融资成本，赋能实体企业，帮扶中小企业发展。

---

① 本部分所展示的中信银行相关业务统计数据来源于中信银行内部系统。

（一）发挥票据基础性结算融资功能

2024年，中信银行支持超过28万户电票签约客户开展了11万亿元票据支付结算交易，为2.5万户企业累计承兑1.84万亿元银行承兑汇票，向近两万户企业提供了1.58万亿元贴现融资服务。在票据融资业务客群方面，中信银行服务对象多集中于中小微企业，客户结构中中小微企业客户占比超过92%，制造业客户占比超过40%，民营企业占比超过80%。中信银行充分发挥出票据这个金融工具最为基础的结算融资功能，切实服务广大实体企业。

（二）做好对重点领域投放的支持

为落实党中央决策部署，做好对中央金融工作会议上提出的金融"五篇大文章"方面的支持，中信银行近些年不断加大金融资源投入，持续提升票据业务在其中的贡献度，相关票据余额保持较高水平。2024年末，中信银行绿色票据余额405亿元，科创票据余额1552亿元。

同时，中信银行基于工信部科创类企业名单，对行内企业贴现场景作了专项支持，为该类客户建立起业务服务绿色通道，助推新质生产力发展；积极探索票据支持绿色金融应用场景，在江苏地区率先推出绿色票据业务创新产品"绿票惠"、在北京与人民银行北京市分行合作推出"京绿通"绿色专项再贴现产品，总分一体打造了完备的科创、绿色等票据产品服务体系，全面支持重点领域企业发展。

（三）以票据转贴助推直贴业务发展

票据作为连接信贷市场和金融市场的重要桥梁，在企业和金融机构业务经营中具有独特地位。作为最早实施票据直贴、转贴一体化经营的商业银行，中信银行通过一级、二级市场业务联动进一步提升了全行票据服务实体经济质效。2024年，中信银行开展票据交易超过2万亿元，创历史新高，通过合理安排票据一级、二级市场的风险资本和融资规模投入，并依托行内充足的同业授信资源，最大限度满足了企业端融资需求。

（四）以再贴现业务精准滴灌实体企业

中信银行积极运用人民银行再贴现政策，精准对接重点领域企业，支持实体经济，切实降低企业融资成本。2024年，办理再贴现业务2650亿元，企业客户涉及"三农"、科创、绿色等国家支持重点领域，确保金融活水精准滴灌实体企业。同时，积极落实人民银行要求，在重点领域积极创设再贴现相关创新业务品种，确保金融扶持政策有力支撑区域经济发展。

二、科技赋能，提供优秀票据产品

在银行数字化转型浪潮中，中信银行积极拥抱金融科技，强化综合融资核心能力，提升供应链金融服务水平，开拓创新，不断丰富票据产品体系，让票据支付融资更加便捷高效，票据业务服务实体经济更见实效。

（一）"新一代智能电票结算"产品

中信银行作为全市场首批对接新一代票据业务系统上线的银行，在票交所新一代票据业务系统的功能上，全新推出集智能收付、智能提醒、智能分析、智能风控等功能于一体的"新一代智能电票结算产品"，为企业客户提供覆盖票据签发、背书流转、融资等多个环节全面智能化票据服务，并通过与行内"信 e 池"、"信 e 销"、汽车金融等应用场景深度融合，打造了覆盖上游、中游、下游的"供应链金融一体化"客户服务体系，极大提高企业票据的流动性和处理效率，有效解决企业票据流转过程中金额错配痛点，提升企业票据支付结算属性及流通便利性。

（二）"信秒贴"产品

2018年，中信银行率先推出银行承兑汇票线上化贴现产品"信秒贴"，从客户提交贴现申请到贴现资金到账，整个过程可在分秒级实现，真正让企业客户做到足不出户、线上点击操作即可完成贴现业务，并且工作日、节假日皆可办理，克服了人工成本高、办理时间长、到账时间久、零散贴现难等贴现难题。此外，"信秒贴"还具备可选贴现票源广、小额票面不设限、智能定价很省心、办理渠道多元化等特点，支持中小微企业随时随地对票据融资进行精细化管理。

（三）"信商票"产品

2020年，中信银行发布了商业承兑汇票线上化贴现产品"信商票"，产品基于核心企业商票保贴额度，支持企业客户通过中信银行对公电子渠道或第三方平台发起商票贴现申请，由系统自动完成审核放款。"信商票"产品在促进商票流转、实现核心企业信用向上游供应商网络的多级传递、降低上游生态的财务成本、实现核心企业与上游网络的共赢方面产生了显著效果。

（四）"信票通"产品

2022年，为更好地服务产业链供应链企业，中信银行推出"信票通"产品，以实现电子银行承兑汇票承兑与贴现流程一体化服务为目标，一站式解决供应链上下游企业间以票据为载体的支付融资需求。产品智能整合承兑与贴现业务，大幅提升供应链企业票据支付融资效率，同时实现了"下游企业用票采购，上游企业现金收款"的效果。"信票通"产品以规范化的票据应用为基础，为解决应收账款融资渠道不畅、融资操作不便提供了新路径，为保持产业链、供应链稳定和高质量发展作出积极贡献。

（五）"信e池"产品

为了提供更加多样化、灵活的票据融资方式，中信银行推出了票据线上质押融资产品"信e池"，支持企业便捷实现资产错配、期限错配、利率转换、银行增信及资产变现，成为中信银行企业综合融资服务的大单品。

（六）"商票e贷"产品

为做好票据服务普惠金融"大文章"，中信银行坚持"优选核心、交易真实"原则，盘活小微企业电子票据等主要流动资产，创新研发了"商票e贷"大单品，支持客户"一键申请、自动授信、线上放款、自助还款"的全线上操作，实现"0"材料申请、"3"分钟审批、"3"分钟放款的极致体验，有效识别、精准评估和快速盘活上游企业的商业信用，实现对长尾客户的服务覆盖和融资支持，在服务小微企业的同时，促进产业链、供应链一体化发展，一举实现银企双赢。

以上几个主要的票据产品充分集中了中信银行内部对公服务的各项优势，致力于重塑企业用票流程，提升供应链融资结算效率，为广大企业客户带来更加安全、高效、便捷的融资模式和客户体验，是中信银行金融科技创新、服务实体经济的成功实践。

三、筑牢防线，为票据服务保驾护航

票据业务横跨支付结算、信贷融资、资金交易多领域，还具有客户范围广、业务环节多、专业性强、产品创新快等特点，给银行风控体系带来了一定挑战和压力。

近年来，中信银行始终坚持"控风险有效、促发展有力"的总体要求，积极重塑票据业务风控体系，建立起主动防御体系，不断提升风险联防联控能力。

（一）构建票据业务风险大数据监测模型

中信银行通过运用"风险决策+风险预警"两大引擎、客户风险画像、资金回流监测等一系列数字化风控手段，精准识别风险场景与异常客户，为票据业务建立起有效的事前、事中、事后管控机制，推动票据业务风险防控从"人防"向"智控"转变，有效控制住业务风险。通过对行内外海量数据的实时采集、处理和挖掘，中信银行对票据业务进行了有效的风险评估，将传统的"事后分析"风控模式转换为"事前甄别、事中干预、事后管理"的全流程闭环管理模式，提高风险识别的准确性和时效性。

（二）持续完善票据业务反洗钱监控手段

中信银行在票据业务全流程中加入客户身份信息识别、风险等级识别、名单监控、渠道行为监测等多种风控手段，积极防控票据业务反洗钱风险。通过完善各类场景下的管控规则，并持续完善具体管控策略，中信银行实现了线上业务及时阻断、线下业务预警提示，持续提升票据业务风控能力。

中信银行依托多维度、高效率的票据风控体系，为各类票据业务和票据产品保

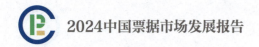

驾护航，在实现线上化自动处理的同时，能有效控制住业务风险，让票据业务切实服务实体企业，让金融资源真正流向实体经济领域。

四、创新驱动，助推票据业务高质量发展

伴随票据市场快速发展，企业客户需求呈现出多元化趋势，市场上也不断涌现出各类新的票据产品、新的业务模式、新的技术应用，给全体票据业务参与者带来了新的启发，中信银行紧跟票交所步伐，博采众长，走出了一条属于自己的特色创新发展之路。

（一）落地票交所创新产品

票交所推出的票据支付结算产品"票付通"，开启了电商电票支付领域的新纪元，解决了买卖双方交易信任问题，拓宽了金融服务的应用场景。中信银行作为"票付通"合作金融机构，对接多家平台，并在新一代票据业务系统上线后，持续推动产品优化升级，增加票据锁定状态展示，支持票据找零支付，为企业提供了更加便捷、安全的票据支付结算服务。

供应链票据是票交所推出的由供应链平台直接签发的票据，其签发、流转均在供应链平台，从源头上推动了企业应收账款票据化，降低企业财务成本及资金周转风险。中信银行2020年首批参与供应链票据业务试点，2021年完成与票交所系统直连对接，2024年最新推出平台直连贴现接口，实现供应链票据全线上直连贴现，打通了供应链票据在平台和银行系统间的流转，推动中信银行供应链票据服务进入新的发展阶段。

（二）探索票据应用场景化

中信银行汽车金融业务具备了专业的人员队伍、完善的产品体系、专属的系统平台、丰富的资源保障，通过运用信票通、信商票、"信e池"等一系列票据产品，中信银行创新解决汽车厂商和供应商在订单、验货、发票等各阶段的金融需求，将汽车金融结算和供应链综合融资效率提升到一个新的台阶。同时，中信银行借鉴在

汽车金融场景中积累的经验，积极探索将票据产品应用在公共事业缴费、酒类经销等各类场景中，为实体企业提供高效便捷的融资选择。

（三）推动票据操作移动化、接入渠道多元化

中信银行顺应行业发展趋势以及客户高效办理业务的诉求，通过推动客户端业务操作、行内端流程审批移动化升级，突破空间限制，不断提升票据业务办理效率、拓宽票据产品接入渠道、扩大票据服务客户范围。

（四）运用新技术解决新问题

近年来，票据业务监管与合规方面的要求在逐步变化，中信银行积极应对，运用各类金融科技手段，在严格落实相关准则的同时支持客户简单高效地开展业务。如通过OCR技术开展发票批量识别和自动验真、对非标贸易合同开展辅助审查，大幅提升票据贸易背景审查效率，通过引入区块链技术实现线上化协议签署及征信授权应用，进一步便利企业客户办理票据业务等。

五、结语

票据业务为实体企业提供了融资渠道，缓解了实体经济融资难问题，提升了金融市场的流动性和资源配置效率，因此成为中信银行高质量发展愿景中最具特色的部分。

面向未来，中信银行将一如既往，充分发挥票据服务实体经济的本源属性，积极推动票据在企业结算场景中的应用，不断加大对企业票据融资的支持力度，持续丰富票据服务实体经济"工具箱"，开拓创新，为票据市场高质量发展贡献"中信力量"。

供稿单位：中信银行

执 笔 人：章口纬　石　宁　张　斌　刘　龙　马鑫悦

　　　　　李艺玮　乔　木　沈　洋　黄　文　张蓓乐

以数字化推动票据融资
助力实体企业强链补链

票据作为支持实体经济、服务中小企业的重要抓手，近年来成为商业银行竞争的焦点。兴业银行作为票据市场活跃的参与者，积极探索票据业务创新服务模式，发挥线上票据产品优势，化解企业应收账款难题，畅通产业链票据流转，助力经济高质量发展。

一、票据在供应链金融中的优势

在当今全球化竞争日益激烈的商业环境下，供应链的稳定与效率对实体企业的生存发展至关重要。随着企业生产链条越来越长，供应链上下游企业之间的依附关系也越来越紧密，票据作为一种传统的支付结算及融资方式，能够满足上下游企业生产经营过程中的资金需求，在供应链金融中发挥着独特的作用。

（一）契合供应链交易特点

票据的使用与供应链贸易流程紧密结合，能够准确反映供应链中的贸易关系和资金流向。在供应链中，每一笔贸易都可以通过票据的开具、流转和兑付来记录和跟踪。这种基于真实贸易背景的票据流转，使金融机构能够通过票据清晰地了解供应链企业间的贸易情况，进而评估企业的信用风险，更好地提供金融服务。同时，票据具有标准化、格式化的特点，便于在供应链各环节进行传递和处理，提高交易效率。

（二）增强供应链整体稳定性

票据在供应链金融中的应用有助于增强供应链的整体稳定性。一方面，票据的支付结算功能，避免了因资金支付问题导致的贸易中断，保障了供应链上下游企业之间交易的顺利进行。例如，在原材料供应环节，由于下游企业能够以票据按时支付货款，上游供应商的资金回笼得到保障，能够稳定地组织生产和供应，确保整个供应链的原材料供应不出现短缺。另一方面，票据的融资功能为供应链上的中小企业提供了资金支持，缓解了资金压力，使其能够更好地与核心企业开展业务合作，提升了供应链的协同性和稳定性。例如，当供应链上的中小企业通过票据贴现获得资金后，能够按时完成生产任务，满足核心企业的订单需求，避免了因中小企业资金链断裂而影响整个供应链的正常运转。

二、科技赋能助力票据融资

兴业银行坚定服务供给侧结构性改革和供应链高质量发展，不断做大做强票据生态，以线上化、智能化为导向，通过科技赋能大力推动线上贴现融资发展。

2019年，兴业银行首度推出银票秒贴产品"兴e贴"，产品首次采用系统自动审核替代人工审核，实现了贴现全流程线上操作、贴现资金实时到账，产品一经推出便受到了企业的广泛好评。为进一步丰富秒贴产品，2021年，兴业银行继续推出了商票秒贴产品"商票快贴"，该产品为批量拓客提供多种业务办理模式，允许融资企业根据自身和承兑人在本行的授信情况，自由选择额度占用方式，并且支持异地上游供应商的贴现。2023年，在传统卖方付息业务的基础上，兴业银行再次投产买方付息秒贴产品。

2022年，兴业银行正式接入票交所新一代票据业务系统。新一代票据业务系统采用金融科技手段实现了票据找零支付，支持企业在用票支付结算时，将持有的票据按照最少1分钱的标准金额进行找零支付，增加了票据的流通性和便捷性，打破了传统票据的票面金额与实际结算金额不匹配的桎梏，解决了企业在使用票据支付结算时流转不便的痛点与难点；票据可找零支付后，服务多级供应商的能力进一步提高，可沿着产业链和供应链的结算链条，进入更多企业的资产负债表，成为企业结算管理和融资管理的手段。

在历年优化迭代中，兴业银行不仅加强对客户准入、经营机构准入、贸易背景审查、关键流程风险控制、风险内控、存续期管理、资金流向监控等参数控制与智能管理，保障线上融资的合规开展，也更加注重向客户前端延伸，提供个性化服务。为进一步提升对公客户的票据使用体验，2024年，兴业银行将原企业网银票据功能进行改造，推出企业网银票据管家专区，集中展示结算、融资、管理等服务。通过优化与整合，企业网银票据管家专区为对公客户打造了一站式、便捷高效的票据服务平台，简化了票据业务的操作流程，增强了票据管理的透明度与可控性，助力企业更灵活地调配资金、优化财务结构、全方位提升资金运营效率，为企业的稳健发展和金融创新提供坚实有力的支持。

三、票据融资助力实体企业强链补链实践

在科技赋能的强劲驱动下，兴业银行在解决传统票据融资业务流程长、手续烦琐、交易成本高等问题的同时，积极拓展票据在供应链领域的应用范围，挖掘票据业务的创新潜力，积累了宝贵的实践经验。

（一）兴业银行成都分行聚焦票据服务助力产业升级

党的十九大以来，四川省打造了一批以光伏、锂电为代表的先进制造业集群。而光伏、锂电等新能源行业上下游企业普遍采用票据作为日常支付结算工具，根据新能源上市企业2023年财务报表的不完全统计，其应付票据在应付款项中的占比已超过40%，在其全部负债中占比也已接近20%。

兴业银行成都分行紧密围绕当地行业特色，立足票据全生命周期管理，前后端密切联动，聚焦三大核心举措：一是坚持线上化、智能化方向，全方位优化票据贴现流程，开发自动查验发票功能，提升贴现时效。二是多渠道引入低成本资金，巧用转贴现与再贴现政策，降低企业融资成本。三是积极开展票据知识培训，向企业宣导票据新变化、新功能，悉心培育市场，助力实体经济发展。

（二）兴业银行杭州分行助力上游企业融资疏浚

浙江省作为票据大省，规模以上企业在日常支付与融资活动中，对票据的承兑、背书、质押以及贴现有强烈需求。尤其是供应链上的中小微企业，迫切需要核心企业的支持与帮扶。兴业银行杭州分行积极探索创新，通过"核心企业开具银行承兑汇票，供应商在本行办理贴现"的业务模式，已成功服务400余户上下游实体企业。

自2020年起，兴业银行杭州分行针对某核心企业的支付结算特点，量身定制专属供应链融资方案，有效缓解了供应商的资金压力，降低了供应商的融资成本。在具体操作上，兴业银行杭州分行给予核心企业主体授信额度，由核心企业开具银票向上游供应商支付货款，该行则为上游供应商提供买方付息贴现业务，贴现利息由核心企业承担，使得上游供应商能够即时获取无成本的货款，及时补充日常经营所需资金。这一模式有效解决了实体企业回款慢、贷款难、三角债等资金难题，有力促进了企业间的良性、健康发展。

截至2024年末，该核心企业已带动145户上游供应商办理贴现业务，贴现总量达50亿元，融资办理次数超过2000次。按照2024年末1年期LPR计算，这一创新模式为其链上企业节省了1.55亿元的融资成本。

（三）兴业银行广州分行助力核心企业做大做强

在日常营销工作中，兴业银行广州分行敏锐捕捉到某核心企业的关键需求痛点。该企业在日常结算过程中，频繁收到下游经销商开具的银行承兑汇票，当有资金需求时，便需自行前往银行办理贴现业务。在传统模式下，该企业面临诸多困境：一是开票与贴现业务流程相互独立，企业不仅要分别进行人工申请，还需提交两套贸易背景材料，操作流程烦琐复杂。二是面对大量零散的票据，企业财务人力有限，票据管理难度极大。三是票据账期使得企业难以实现现金回款的实时到账。

为切实解决客户的这些痛点，兴业银行充分借助技术手段，推出"无感贴现"模式，成功打通了"承兑—贴现"环节之间的壁垒，由经销商、核心企业以及分行共同签订三方协议，针对经销商开立的票据，核心企业无须人工发起贴现操作，便能直接获得所需资金，实现了资金的快速回笼。

"无感贴现"产品一经推出，兴业银行广州分行率先将其应用于汽车行业。通过为下游经销商核定敞口开票额度，实现贴现资金实时划入核心企业账户。截至2024年末，已有超过30户经销商成功加入"无感贴现"体系，贴现量累计近30亿元。这一举措不仅大幅提升了票据融资的变现速度，还显著增强了供应链的稳定性，为核心企业及其经销商群体带来了全新的、高效便捷的业务体验。基于"无感贴现"产品在下游经销商应用中的成功试点，兴业银行广州分行乘势而上，将这一模式推广至核心企业与上游供应商的业务场景，推出了核心企业开票、上游供应商"无感贴现"的服务方案，目前该方案已在当地供应商中成功试点。

（四）司库级票据池助力集团管理一站式服务

2024年11月，兴业银行成功落地某集团司库系统的首笔多层级票据池业务。该集团是中央直管的特大型国有重要骨干企业，其司库系统平台涵盖资金结算管理、资金预算和计划管理、资金集中管理、融资及担保管理、内部银行管理、授信管理、应收款项管理等多个管理模块，同时配备数据集成平台，功能全面。司库票据系统的成功上线，实现了集团票据从开立、接收、背书、贴现到兑付的全生命周期线上管理。这一转变极大地提升了成员企业间票据业务的办理效率，同时通过对票据信息的统一归集以及票据操作的集中审批，保障了票据信息获取的及时性与准确性，满足其对于票据信息动态采集和可视监控的管理要求。针对集团子公司层级繁多、票据资产管理复杂的业务难点，司库票据系统创新支持集团内票据资产的三层级管理模式，并且允许集团小池内的额度进行调剂使用，有效提高了集团内票据资产的周转效率，助力盘活集团票据资产。在保障企业票据资产安全方面，该系统与票交所实现了系统直连，能够帮助集团成员企业及时识别并拦截入池的风险票据。此外，兴业银行与集团实现的系统直连，还为下一步开展绿色票据业务提供了坚实的系统支撑。

兴业银行始终秉持场景化、数字化、智能化的服务理念，积极构建特色供应链金融生态。作为票据市场的领先银行，兴业银行持续打造"兴享E（票）"特色票据生态圈，致力于为客户提供一站式、全品类的票据服务。

　　　　　　　　　　　　　　供稿单位：兴业银行
　　　　　　　　　　　　　　执 笔 人：王思明　戴明皓

创产品　创打法　创服务
票据贴现服务实体经济"出新彩"

2024年，广州银行票据贴现发生额突破1200亿元，同比增长超过40%，在广州地区金融机构中排名前列。广州银行积极履行服务实体经济使命，秉承"交易服务贴现、贴现服务实体"的票据业务经营理念，通过实施"匠心产品、智胜打法、贴心服务"的票据业务策略，借助科技手段推动业务数字化转型，借助一体化经营实现降本增效，借助全方位个性化定制服务解决企业融资难题，为票据市场更好服务实体经济高质量发展与中国式现代化贡献力量。

一、匠心产品：创产品，看核心竞争力

广州银行票据业务系列产品搭载全新处理系统，不断进行票据产品功能创新和更新迭代，在产品设计和开发时，始终围绕产品功能性、安全性、便捷性和用户体验等核心要素进行布局和优化，提高票据系列产品核心竞争力。

（一）坚持产品创新理念，紧跟市场走向

广州银行秉持客户导向、风险可控和高效便捷的票据产品设计理念，紧跟市场趋势，不断推出符合市场需求的新产品。

广州银行始终将客户需求放在首位，通过深入了解不同客群的业务模式和融资需求，致力于推出更符合客户期望的票据产品；在产品设计过程中，注重产品安全性，通过建立完善的风险评估模型和监控机制，确保产品在设计、运营和维护等各个环节都能得到全流程有效风险控制；致力于提升票据产品处理效率和便捷性，通过引入先进的金融科技手段，依托票据自动化处理系统，大幅缩短票据业务的处理时间，提高市场满意度。

产品创新紧扣市场走向，随着大数据、云计算、人工智能等技术的广泛应用，票据业务正逐步向数字化转型。广州银行紧跟时代步伐，推出线上票据产品，实现票据业务线上化、自动化处理；推出商票保贴产品，有效畅通企业融资渠道，提升供应链金融服务的实体经济质效；随着绿色金融政策的推动，绿色票据产品逐渐受到市场的关注，广州银行顺势推出绿色票据产品，支持绿色产业的发展，拓宽绿色金融覆盖面；根据客户需求的多样化，不断推出个性化的票据产品服务，针对不同行业、不同规模的企业，提供定制化的票据融资方案，以满足其特定的融资需求。

（二）升级产品体系建设，发挥协同作用

广州银行以客户企业性质、客户价格敏感度、客户特殊需求、业务办理审批模式四个维度，定制各个维度的模块化功能，依托"广银票享贴"贴现总品牌，构建包含"绿闪贴""票e贴""票快贴""商贴易"等针对不同企业类型客户的专属贴现产品体系，满足不同客户融资需求，满足客户"享贴就贴"的票据金融服务体验。

一是通过绿色票据贴现的专题研究、制度建设、产品设计与流程优化等，研发出"绿闪贴"票据贴现产品，重点服务绿色企业及其产业链上企业，对符合认定标准的绿色企业、绿色项目或持有绿色票据的企业提供专属产品额度及优先办理通道，助力绿色企业、绿色项目的低成本融资，解决绿色企业融资难、融资贵问题。

二是总分联动开展专业化服务，通过免去票据的部分追索权并结合"票e贴"产品，满足客户快速贴现需求。该业务模式通过定制化的业务方案和协议签署，满足企业对财务指标优化、业务时效和资金使用效率的诉求。企业在网银端自行办理

银票贴现，实现贴现款项的快速到账。2024年"票e贴"产品发生额同比增长超过68%，为制造业企业的高质量发展赋能。

三是为更好地满足企业"加快资金周转、降低融资成本、提高融资效率、增强融资可得性"的融资需求，广州银行对重点贴现客户进行"一户一策"定制化服务，根据企业的行业特征、客户资金管理模式、上下游供应链情况、收付款模式，推出"票快贴"产品。2024年"票快贴"产品占比超过90%，实现客户买方付息、卖方付息、跨行贴现等个性化功能，满足重点客户特殊定价、快速审批等需求。

四是针对"专精特新"企业研发投入多、回笼资金慢的痛点，广州银行推出"商贴易"票据贴现产品，为企业提供差异化票据服务方案。具有良好信用的核心企业可开立商票降低整体供应链的结算成本，促进供应链畅通运行，供应商则基于核心企业资信状况和履约能力，通过商票贴现业务降低融资成本与门槛。

（三）开发普惠专项产品，助力小微企业成长

2024年，广州银行贴现企业客户数同比增长27.27%，其中，中小微用票企业占比超过95%。广州银行利用数据分析工具跟踪用户行为，关注客户留存率、活跃度、功能使用频率等关键指标，及时了解本地票据市场最新动向，努力提升金融服务覆盖率、可得性和满意度，为中小微企业提供价格合理、便捷安全的金融服务，用金融"活水"助力普惠金融高质量发展。

广州银行精心打造全线上产品"普惠贴"，将传统的线下获客方式与线上服务模式相结合，不断细化目标客户画像，实现普惠客户精准对接；通过数字化风控模型，为客户准入提供明确标准和决策支持，提高审批效率和准确性；简化业务流程，缩短业务等待时间，实现贴现资金快速到账，满足企业紧急资金需求，提高资金使用效率；有效提升客户经理的对外服务能力和服务半径，使更多中小微企业能够享受到优质的票据贴现服务。

二、智胜打法：创打法，看策略综合效用

广州银行围绕国家经济发展战略目标，全面落实金融监管要求，紧跟本地市场

发展变化，努力做广市场、做广产品、做广渠道，秉承"交易服务贴现，贴现服务客户"的经营理念深化票据一体化经营，深化合规经营和风险防控，推动票据业务稳健发展。

（一）深化"一体化"经营战略，探索服务新模式

广州银行自2019年开始探索票据业务"一体化"经营改革，通过创新票据经营模式，实现票据贴现、票据交易与票据再贴现一体化经营，有效破解了中小企业融资难题。通过引入票据二级市场和再贴现低成本资金，提高票据交易活跃度，有效提升了票据融资议价能力，进一步降低票据融资成本，反哺贴现业务，贴现业务量6年时间增长超8倍。

广州银行通过积极利用各区域分支机构的地缘优势和资源禀赋，并强化总行与分支机构的协作和市场指导，激发分支机构的票据业务活力，灵活响应市场需求，实现更广泛的交易客户覆盖，在丰富分支机构业务品种的同时做大全行票据交易客群。

（二）坚持数字化转型战略，搭建数字智慧工程

对内提质减负，提升票据业务数字化运用。一方面，精简客户业务资料，将授信额度报告以及线下贴现业务审批材料整合至票据系统内，推动业务审批的无纸化；规范内部电子协议规章制度，实现票据业务协议印章电子化，确保电子协议签章的安全性、便捷性。另一方面，加大科技赋能的力度，实现远程审批、报价信息自动披露等功能，减少人工操作环节和用时；实现票据系统功能模块化，快速实现新产品开发升级和更新迭代；不断优化票据系统与外围系统的交互，提升信息获取效率，实现多节点、全流程风险监控。

对外赋能拓客，提升票据业务专业水平。一是提高系统数据分析能力，提升对外服务能力。深入挖掘贴现票据背书流转数据信息，编织一张客户背书链条企业关系图谱网络，精准监控资金流向，为服务和拓展潜在客户提供数据支撑。二是引入多维度的外部数据，用于历史交易数据分析，为后续票据交易和业务开展提供有力数据支撑。

（三）强化内部投研体系，指引客户降本提效

广州银行构建了系统化、科学化的投资研究框架，并依据客户的信用状况、业务规模以及合作关系等因素，审慎地将客户划分为不同层级，并据此实施精细化、差异化定价策略。针对不同类型、期限及信用等级的票据，设定差异化的贴现利率，全方位满足各类客户资金需求。为确保贴现业务的持续竞争力，广州银行将投研成果及时传达至一线业务人员，通过分支机构对客户的定期走访、每日询价议价交流、展示分享投研成果和市场预期，实现"一对一"精准对接，积极引导客户在市场价格相对低位时进行贴现操作，有效降低客户融资成本，进一步提升资金的使用效率。

三、贴心服务：创服务，看助力实体质效

广州银行始终坚持"以客户为中心"的服务宗旨，致力于为客户提供量身定制的票据服务方案，通过"一户一策"式精准施策，梳理客户经营情况，解决客户发展痛点，满足客户融资需求，携手客户共同成长。

（一）主动让利，降低企业融资成本

对于符合要求的票据，尤其是实体企业持有的票据，广州银行主动给予贴现利率优惠，大幅降低实体企业的融资成本。2024年，广州银行票据贴现加权利率为1.56%，同比下降27个基点，较1年期LPR低154个基点，为符合人民银行再贴现政策支持的众多企业提供低成本的票据融资。

2024年，广州银行为某大型机械公司办理贴现9.5亿元，贴现利率较同期贷款利率低120个基点，有效降低了该客户融资成本。在注意到该客户与其上下游企业有大量票据结算，且确认广州银行承兑票据得到了客户上游企业的认可后，广州银行帮助该客户开立了零保证金银行承兑汇票以支付上游货款，大幅降低了客户资金占用压力；同时深入分析该客户与下游企业的结算特点，据此为客户量身定制了一套满足其需求的贴现方案，该方案不仅涵盖了买方付息、跨行贴现等融资方式，还提供了特殊利率等优惠条件，从而帮助上下游供应商的资金得以快速周转，提升了整个

产业链的融资效率。这一举措精准地提升了企业融资的便利性，为产业链的发展注入了新的活力。

（二）践行责任，助力绿色产业发展

绿色经济发展离不开绿色金融的支持，广州银行作为地方金融机构积极投身绿色金融领域，支持地方绿色产业发展，将"绿色基因"不断融入票据业务流程，通过深挖贸易背景，主动挖掘客群，提高"绿票"认证效率，为绿色企业提供量身定制的绿色票据综合融资方案。

某客户持有某能源企业承兑的绿色票据，随着年末订单量的急剧增加，客户面临生产资金紧张的困境，急需进行票据贴现以缓解资金压力。在了解到客户贴现需求后，广州银行在当地的经营机构立刻响应，向总行申请绿色票据贴现额度保障，提前列入当月再贴现业务清单，通过广州银行"绿闪贴"产品，为该客户成功办理9900万元贴现，收票当天实现贴现资金到账，帮助企业组织生产，有效支持企业的绿票贴现融资需求。凭借"绿闪贴"产品高效的处理流程、优惠的贴现价格和优质的配套服务，广州银行不仅与该客户建立了长期的合作关系，而且发挥出票据贴现的"敲门砖"作用，拓展了客户上下游企业的综合授信业务，赢得了广大绿色企业的高度认可，树立了良好的市场形象与口碑。

中央经济工作会议提出，2025年要坚持稳中求进工作总基调，实施更加积极的财政政策和适度宽松的货币政策，打好政策"组合拳"，未来票据市场活跃度有望进一步提升，为助力实体经济、谱写好金融"五篇大文章"持续发力。

广州银行将坚守"服务本地经济的主力银行、服务城乡居民的普惠银行、服务湾区建设的特色银行"的历史使命，秉承以客户为中心的服务理念，通过匠心独具的产品设计、敏捷高效的运营策略、贴心细致的服务体系和智慧赋能的科技手段，为广大企业客户提供更高质量、更高效率的票据金融服务，与广大企业客户一道共同谱写票据业务助力金融强国建设的新篇章！

供稿单位：广州银行

执　笔　人：于志强　黄　珊

精准施策　数智赋能　深拓场景
多元化助推实体经济新发展

在推动经济高质量发展的征程中，筑牢实体经济根基是重中之重，票据作为金融服务实体经济的重要纽带，发挥着不可或缺的作用。近年来，杭州银行紧紧围绕国家重大战略与决策部署，秉持"票据业务一体化经营"的服务理念，持续加大对制造业、普惠、科创以及绿色等重点领域的支持力度，全面推进产品、渠道、风控等全方位票据业务的数智化转型发展，不断深化票据在产业链供应链中的场景应用，为实体经济提供更高质量的服务。

一、锚定重点领域，推动实体经济稳步增长

（一）加大制造业支持力度，助推制造业高质量发展

2024年，杭州银行不断加大制造业金融支持力度。一方面，通过实施手续费减免、贴现利率优惠、规模资源倾斜等优惠政策助力企业降本增效，为制造业高质量发展注入金融动能。另一方面，围绕制造业客户全周期金融需求，综合运用承兑、资产管家、承易贴、贴现等票据组合产品，为制造业客户提供高效、差异化的票据服务。2024年，杭州银行为制造业客户累计减免承兑手续费1600万元，贴现让利3340万元，切实为制造业客户减负增效。

（二）实施普惠金融战略，为小微企业滴灌金融活水

小微企业是激发创新、活跃市场和促进就业的中坚力量。杭州银行将普惠金融

作为重要战略发展方向，积极落实金融惠企利民政策，持续拓展票据服务触角，着力推进普惠金融全面增量、扩面、提质。2024年，杭州银行累计为小微企业提供贴现融资1922亿元，较上年末增长20.79%。其中，小微企业"自助贴现"业务表现亮眼，占全行自助贴现量的79%，大幅提升小微企业融资便利性。同时，针对普惠金融覆盖群体的多元化需求，持续迭代小微企业"e融通"全流程一站式线上开票产品，满足小微企业"短、频、急"的融资需求。截至2024年末，"e融通"服务客户超过2000户，成为小微企业融资的有力帮手。

（三）打造科技金融"金名片"，为新质生产力蓄势赋能

杭州银行自开展科技金融服务以来，致力于将科技金融打造为战略特色"金名片"，持续深化专营策略，加大对高新技术企业、"专精特新"中小企业等的支持力度，为创新类实体经济提供全方位、高质量的票据服务，推动科创金融创新发展。以某上市科技公司为例，杭州银行对其上游供应商开展"跨行免开户+商票便利贴"组合服务，依托"免开户"服务优势，为该公司遍布全国各地的上游客户提供低成本融资支持，批量盘活中小企业应收账款。截至2024年末，累计服务该公司上游供应商50余户，发放融资4.2亿元。

（四）践行绿色发展理念，助力企业绿色低碳转型

杭州银行不断加强绿色金融专业能力建设，积极寻求绿色金融产品和服务模式的创新发展。结合不同企业的个性化融资需求，主动提供定制化票据等综合解决方案，深化绿色金融赋能。例如，为积极支持传统制造业企业绿色转型，杭州银行结合企业环境权益资产情况，创新设计"以排污权抵押为主担保"，配套票据等综合融资服务方案，为企业降本增效的同时，有效盘活了企业排污权资产，进而拓宽了企业融资渠道。2024年，杭州银行绿色票据融资余额同比增长1.5倍。

二、数智化赋能，提升服务实体经济质效

近年来，杭州银行积极响应国家对金融工作的部署精神，以赋能业务发展为目标，全面推进"数智杭银"建设，持续推动票据业务在产品体系、系统建设、业务

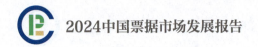

流程、客户体验、风险管理等领域的数字赋能，为实体经济发展注入新动力。

（一）夯实票据产品体系

2024年，杭州银行持续优化票据产品体系，提升票据综合服务能力。一方面，积极推进"票据驾驶舱"建设，打造智能化专区，通过智能收票、智能背书、智能融资、智能兑付、智能报表等一系列智能化功能，全面提升客户用票体验。另一方面，持续推动票据产品升级迭代。一是推进"跨行承易贴"产品的开发建设，在承兑、贴现一体化服务的基础上，整合"跨行贴现""自助贴现"功能，提高供应链结算效率。二是迭代"自助贴现"产品，推出在线议价功能，并实现线上资料核验、征信查询等多项功能升级，提升企业票据融资效率。三是加强与供应链核心企业及其上下游企业的合作，积极推进供应链票据产品建设。四是新增"保证人"授信模式商票保贴业务，填补业务缺口，进一步拓宽商票贴现应用场景。

（二）强化渠道支撑

杭州银行坚定抓好渠道和系统的数字化建设，不断提升服务效率与客户体验，确保业务安全便捷，增强市场竞争力。一是依托业内首个投产的"云原生、分布式、全栈国产化"的新核心业务系统，优化票据服务流程，有效支撑票据业务快速发展。二是以数智营销平台为支撑，精准地绘制企业画像，实时甄别潜在票据客群，并向客户经理进行智能推送，实现走访对接、信息共享以及精准服务，让有需求的客户第一时间得到银行支持，从而有效提升客户的便利度与获得感。

（三）优化数智风控能力

为强化票据业务风险管理，杭州银行持续推进数字化票据风险防控体系建设，构筑聚合风险监测、预警、提示和处置的一体化风控体系，对票据业务实施全视角、全流程的风控管理。一是打造票据业务闭环管理体系，强化承兑保证金来源及贴现资金流向管理。二是建立实施可疑交易行为监测预警机制，通过展示票据风险系统监测窗口，加强交易背景与资金流向合规性管理。三是优化票据交易背景资料审核与关联功能，实现发票真伪核验与状态持续监测，同时通过背景资料与单笔业务的关联初步核验交易背景合规性，以风险预警定期推送形式，提升票据业务的风险防控能力。

三、深化"票据+产业链"，打造服务实体经济新模式

为更好地满足产业链上下游企业多元化、精细化的融资需求，杭州银行从产业链整体布局出发，着力打造契合产业发展需求的票据服务新模式，通过深入剖析产业链上下游交易关系与资金需求节点，精准定位票据服务切入点，持续丰富和优化票据业务应用场景。目前，杭州银行已形成"票据+新能源汽车产业链""票据+农产品加工产业链""票据+电子商务服务平台"等贴合不同行业产业链客户需求的适配方案，进一步深化票据服务与产业生态的融合，为破解传统供应链金融服务的困境提供行之有效的途径，助力产业集群实现整体升级与协同共进。

以新能源汽车产业链票据一体化服务为例，杭州银行精心打造了新能源车智能化零部件行业专属营销赋能方案。该方案依托银行对行业的深入分析及对企业的详尽调查，根据上下游企业之间的交易关系和支付账期问题，将票据产品组合服务嵌入产业链的各个环节，为新能源车智能化零部件产业链定制了一体化的金融解决方案，有效解决链上企业资金周转难题，提升产业链整体运行效率，有力推动产业集群的协同发展。

票据具有服务供应链产业链的天然优势，是金融市场与实体经济紧密关联的重要金融工具。在新时代背景下，杭州银行坚定响应金融服务实体经济质效的政策导向，持续依托金融科技手段，围绕票据业务全生命周期进行产品、服务、流程、渠道、场景等多维度创新，进一步拓宽金融服务边界，助力做好科技金融、绿色金融、普惠金融、养老金融、数字金融"五篇大文章"，为实体经济高质量发展持续不断地注入新思路、新活力。

供稿单位：杭州银行

执 笔 人：叶璟毅　陈　滟　王勇超　李欣芮

票据赋能
绘制产融发展新画卷

近年来，日照银行认真落实中央、省市关于加快推进供应链金融发展的决策部署，围绕支持构建新发展格局，在人民银行和票交所大力支持下，大力推动数字供应链金融发展，积极拓展供应链票据应用场景，多措并举推动票据业务稳健发展，有效提高金融服务实体经济质效，连续三年荣获票交所"优秀供应链票据参与机构""优秀综合业务机构"奖项，获评"优秀新一代系统企业推广机构"，蝉联"山东省供应链金融优秀金融机构"。

一、票据业务发展情况

（一）深耕产业，增强票据服务实体经济效能

近年来，日照银行通过系统应用、产品创新、场景挖掘等举措推动票据支持实体经济发展。一方面，上线一揽子票据贴现产品，对绿色低碳、制造业、"专精特新"等符合国家政策导向的企业，给予贴现利率优惠，盘活企业票据；另一方面，积极探索供应链票据在产业链的应用。2024年，日照银行票据承兑发生额达1047.6亿元、贴现发生额达596.96亿元、再贴现发生额达60.12亿元。

（二）科技赋能，持续丰富票据应用场景

日照银行持续拓展票据应用场景。一是2022年11月，紧跟票交所创新步伐，上线新一代票据业务系统。二是2023年研发"橙e贴"产品，支持企业免开户贴现。三是2024年完成电子商业汇票系统数据迁移工作，为票据使用提供便利。2024年8月27日，在人民银行和票交所的指导支持下，日照银行获批接入票交所供应链票据平台，并于10月13日正式直连接入。

（三）完善风控，提升票据业务合规风控水平

在大力推动票据业务发展的同时，日照银行始终将合规运营、风险防控置于首位，并搭建了多层次的风险管理体系。一方面，依托行内外数据及信息科技手段，建立供应链金融风险监测、预警、管理平台，实现对供应链金融业务的智能、连贯、动态化监控，推动业务风险管理从静态事后复审向动态预警分析转变；另一方面，积极参加票交所举办的培训交流活动，选派讲师、业务骨干进行培训交流、创新业务调研及探讨，不断提高票据应用业务能力，持续增强风险防控意识，为票据业务发展保驾护航。

二、票据业务应用实践案例

案例一：供应链票据组合应用助力钢铁产业链

日照港港区直通两条铁路，链接黄河流域100余家钢铁企业，是沿海先进钢铁产业基地，汇集了海量的供应链产业链"四流"信息，成为开展供应链票据应用的天然场景。近年来，在全球大宗商品市场活跃度和复杂性并存的背景下，钢铁产业链正面临诸多挑战，经营压力攀升，在产业链采购环节，融资难、融资贵的问题尤为突出。

日照银行沿货物流向将供应链金融服务拓展至黄河沿岸产业链上的钢铁产业等制造业集群，依托供应链票据基础设施完善、信息披露机制健全、交易安全性高、市场流通性强等优势，提供"港口＋物流＋金融"综合服务。在服务临港钢铁产业链主企业方面，匹配商票保贴额度，钢厂原材料采购阶段支付供应链票据，日照银

行为其上游多级供应商提供供应链票据融资服务,化解钢厂付款压力。同时传导人民银行再贴现政策,政策红利精准滴灌实体经济,助力产业升级转型。在服务黄河流域钢铁产业链上下游企业方面,日照银行提供"电子仓单+进口信用证+供应链票据"环环相扣的综合服务方案。在原材料进口环节,通过港口未来货权电子仓单质押模式,为铁矿石/煤炭等原材料供应商开立进口信用证,解决轻资本企业跨境贸易资金难题;在原材料到港提货环节,将供应链票据嵌入钢厂向供应商付款场景,通过质押钢厂签发的供应链票据,为供应商解押仓单释放货物;供应链票据到期兑付归还进口信用证。

案例二:"供应链票据+资产池"组合应用助力物流产业链

国际货运物流行业是日照的重要经济引擎。国际物流服务在结算模式上普遍采用赊销方式,以港口高频的货代业务为例,货代公司通常在15~28天账期内支付船东物流运费,而向货主企业收取的物流运费账期长达3~4个月,应付与应收的账期错配,导致货代公司垫付的物流运费大量占用流动资金,融资需求迫切。

某供应链科技有限公司是跨境物流行业领先的数智化物流科技公司。日照银行结合物流行业结算特点,量身定制供应链票据池方案,将商业信用入池后转换为银行信用和授信额度。该企业收到托运人针对应收物流运费签发支付的供应链票据,通过日照银行票据池、资产池等池化产品,将供应链票据入池生成专项额度。基于该额度可灵活为其办理银行承兑汇票、流动资金贷款等支付运费,解决流动资金紧张难题,保障国际货运物流业务的顺畅运转。

案例三:供应链票据商票保贴业务赋能乡村振兴

安丘市是我国生姜种植的重要产区。山东某省属供应链公司长期从事农产品供应链业务,在安丘地区开展生姜收储工作时,面临向众多上游小微企业、个体工商户等供应商支付货款的资金需求。

对此,日照银行利用直连票交所供应链票据平台的渠道优势,运用供应链票据商票保贴业务精准对接企业需求。该省属供应链公司通过"黄海之链"日照银行供应链金融服务平台向上游生姜供应商开立供应链票据后,生姜供应商即可在该平台申请贴现，由日照银行给予融资支持。

面对采购环节付款周期短、时效性强、上游供应商暂时无法开立发票等难题，日照银行依托"黄海之链"平台供应链票据业务，突破贴现环节审核贸易背景依赖核验订单、发票的传统模式，强化对采购单、入库单、结算单审查，通过"三单"交叉比对核实贸易背景。流程优化后，用时不到半个工作日即可完成资料审查、客户准入、开立供票、信息披露、贴现融资、支付到账等全流程工作，极大满足了客户高效便捷支付结算和融资的需求。

三、下一步发展方向

（一）凝心聚力，积极推动票据业务发展

2024年，日照银行在总行层面设立票据中心、供应链金融中心两个一级部门，以合规风控为前提，以数字技术为驱动，以场景应用为导向，守正创新、稳健规范发展票据业务和供应链金融。日照银行将以获批直连票交所供应链票据平台为契机，加强平台建设和业务营销推广，引导"黄海之链"供应链金融服务平台8000余家用户办理管理规范、功能先进、契合供应链场景的供应链票据，做大存量实现增量，从源头上助推应收账款票据化。

（二）丰富产品，加大票据业务应用场景

聚焦服务金融"五篇大文章"和发展新质生产力，发挥票据业务优势，加强产品研发，将票据深度融入产业链条。一是上线资产池系统，支持票据等金融资产的入池质押，盘活企业资产，降本增效。二是积极配合票交所供应链票据资产证券化等产品创新工作，加强系统建设、研究储备，适时开展供应链票据资产证券化业务，拓宽畅通中小微企业票据融资渠道，进一步拓展金融服务的广度和深度。

（三）开放共享，助力票据统一大市场建设

通过加强系统建设，依托"一港双通道"优势，日照银行将持续与沿黄经济带、港口城市群腹地金融同业、产业链企业共享"黄海之链"平台供应链票据渠

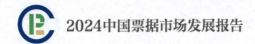

道，推动供应链票据业务全面合作，助力建立标准统一规范和风控体系完善的供应链票据业务统一大市场。

　　伐工于习，事成于勉。日照银行将继续深耕产业、融入生态，加大票据业务运用广度，丰富供应链金融场景，为链上企业提供产业数字化综合金融服务方案，以实际行动践行票据支持实体经济和普惠金融高质量发展。

供稿单位：日照银行

执 笔 人：贺　伟

深化产业场景应用
票据助力产业升级

九江银行聚焦区域产业发展战略，融合科技金融、绿色金融、普惠金融、养老金融、数字金融多元化创新要素，积极探索票据在产业金融、供应链金融领域的应用模式，充分发挥票据功能作用，为产业发展注入金融活水，为区域经济高质量发展提供坚实的金融支撑。

一、聚力产业金融，推动战略转型

近年来，九江银行积极探索、创新实施产业金融战略，聚焦金融"五篇大文章"，围绕地方经济发展、产业结构升级需要，把产业金融作为全行战略转型的重点领域。

票据集支付、结算、融资、投资、交易等功能于一体，具有服务产业金融、供应链金融的天然契合性。在支付结算方面，借助票据的背书流转机制，企业间能够高效完成支付结算，优化企业财务结构，降低资产负债率；在融资方面，票据融资成本低、效率高，具备法律保障，可缓解企业融资难、融资贵问题；在信用传递方面，票据背书流转机制促进了产业链上企业资金流与信用流的顺畅传递，同时实现了信用增级效果，有助于构建和维护产业链信用体系；在风险控制方面，票据以低风险特性著称，与产业金融、供应链金融对于严谨风险管理的内在要求不谋而合。

鉴于此，近年来九江银行围绕"票据回归本源，服务实体经济"的核心理念，深入挖掘并充分发挥票据内在价值，精心布局全方位金融服务战略，全力支持普惠金融、绿色金融及产业金融发展；整合、优化现有产品架构，打造出具有竞争力的产业金融服务体系，加强与产业链企业合作，深入了解其金融需求，提供定制化金融解决方案，激发产业链内在活力。

二、构筑票据生态，提升服务效能

（一）精研票据产品矩阵，畅通实体融资渠道

九江银行积极践行金融服务创新理念，坚持客户导向，从系统、产品、制度、流程等多个维度发力，对票据产品进行全面梳理与深度整合，打造"九银票易融"专业化、特色化品牌体系，搭建"一个品牌，两个系列"的产品体系，致力于为客户提供专业、综合、特色、智能的票据融资服务及个性化解决方案。其中，贴系列是针对单一企业客户的票据贴现业务，包括极速贴、快活贴、空中飞贴等；融系列是针对单一企业和行业客户提供的票据融资服务方案，包括绿票融、池票融、票据增信等。

（二）统筹全产品链布局，营造综合服务生态

九江银行不断拓展票据经营深度与广度，提高实体经济服务质效。通过对内部组织架构进行全面深入的梳理，搭建起"统一管理、归口负责、专业经营、风险监控"的票据经营管理架构。凭借票据专业优势，九江银行打破传统票据业务管理的边界束缚，构建起覆盖票据全生命周期的统一管理体系，实现了全产品链的一体化经营以及票据业务全流程的集中化管理。这一举措实现了票据全链条高效、统一管理，极大地强化了票据业务流程各环节的协同运作效能，提升了运营、决策效率以及客户需求响应速度，为客户提供更加流畅、便捷的票据服务体验。

（三）科技赋能线上革新，提升企业融资质效

近年来，九江银行持续推动票据业务数字化转型，依托大数据和新一代票据业

务系统，以科技驱动优化客户体验、提升业务效率、强化风险防控。在优化客户体验方面，实现银行承兑汇票快速出票、智能化放款以及高效签发，缩短客户等待时间，提升服务便捷性和满意度。在提升业务效率方面，实现承兑、增信、贴现、票据池等业务合同全面线上化。在强化风险管控方面，推动尽调要点内嵌，实现银行承兑业务和票据增信业务调查报告自动化、智能化；上线合同发票管理功能，进一步确保业务真实性和合规性；通过信息披露系统内嵌，实现票据系统黑名单自动校验，加强票据业务信用风险管控；建立票据业务风险控制模型，借助大数据技术，实现对贷前客户信息变化情况的实时掌握，以及贷中信用风险和操作风险分析预警，为票据业务稳健运营提供了有力的技术支持和决策依据。

三、深化场景应用，助力产业升级

（一）打造典型应用模式，支持产业金融发展

九江银行紧紧把握市场走向，全力推动全行利用票据支持重点产业发展。依托票据场景化使用优势，创新性地打造了"票据＋电子信息""票据＋铜加工""票据＋医疗""票据＋钢铁制造""票据＋稀土""票据＋汽车"等29个典型场景应用模式，为推动票据在产业金融、供应链金融中的深度应用提供了基础。2024年，九江银行通过票据业务服务客户4500余户。

（二）聚焦重点产业场景，树立应用标杆案例

1.电子信息产业。电子信息产业作为资金和技术密集型行业，具有重资产投入的特点，资金需求量大。某企业新厂房投入使用，需配套采购大量生产设备及原材料，由于原材料价格飙升，企业面临严重的资金短缺问题。针对这一情况，九江银行基于真实的上下游贸易关系，评估真实结算融资需求，提出基于承兑人及持票人额度的商票保贴授信方案，核定了数十家合格上游供应商及下游销售商。在此模式下，企业可选择直接签发商票支付上游供应商，并在授信额度内为其签发的商票出具保贴函；也可选择将收到的下游企业支付的商票向九江银行申请保贴。上游供应商也可持该企业签发的商票及保贴函向九江银行申请贴现。该融资方案帮助企业低

成本获取银行信贷资金，助力解决企业融资难、融资贵问题，为企业扩大生产提供有力资金支持。

2.有色金属产业。铜产品价格受市场影响较大、分布区域较分散、对资金的需求量和占有量较大，在整个产业链里面出现大量预收账款、应收账款等，产生了大量资金需求。某铜企业主要向上游供应商采购废铜进行生产加工，由于原材料铜价格一直居高不下，且企业经营规模不断扩大，下游应收账款积压较多，导致流动资金不足。九江银行在评估其真实供销交易背景以及资金需求的基础上，以供应链融资的方式给予该企业商票保贴授信额度，引入第三方监管平台负责向上游废铜供应商代采原材料，并提供存货监管服务。在落实担保措施及相关风控措施的基础上，九江银行在授信额度内为该企业签发的商票出具保贴函，代采公司持商票及保贴函向本行申请贴现，贴现资金指定用于向上游供应商采购废铜。该方案以较低的综合成本满足了加工企业、代采企业及上游供应商随时产生的提款需求。

（三）围绕区域产业基地，定制专属融资方案

某氟盐化工园区内多家企业互为上下游，企业间存在密切的生产合作关系。然而，园区内企业普遍存在融资渠道有限、融资期限短、上下游支付方式不匹配、财务成本高等问题。对此，九江银行提出构建氟盐化工产品平台的总体融资解决方案。该方案通过互联网平台接入园区企业、金融机构、政府管理部门，融合园区优惠政策，挖掘企业融资需求，实现银政企资源高效精准对接。平台以票据为主要支付工具，通过整合银行各项产品，助力解决供应链上应收、应付账款融资问题，为企业首贷、续贷、转贷等提供全周期金融服务。

供稿单位：九江银行

执 笔 人：骆桃云　熊小云　李紫薇

立足产业票据新理念
助力实体经济发展

2024年，面对复杂多变的市场环境，票交所发挥引领带头作用，通过将科技创新与制度产品创新相结合，使票据市场的安全性、透明度和交易效率显著提高，票据服务实体经济质效进一步提升。珠海华润银行股份有限公司（以下简称华润银行）紧跟票交所步伐，积极适应内外部发展变化，持续推进数字化转型，不断提升服务实体经济能力。

2024年，华润银行积极践行"中央企业特色数字化产业银行"发展战略，不断提高服务产业链上中小微企业的能力与服务质量，主打"产业票据"新理念，加强数字化转型，创新推出银行承兑汇票线上贴现产品"润秒贴"、商业承兑汇票线上贴现产品"央票通"及财务公司承兑汇票线上贴现产品"财票通"等系列产品，全方位实现票据贴现业务"免开户、全线上、智能化、秒到账"，以敏捷的市场响应、极致的用户体验和有效的智数转型，在客户服务、产业深耕、服务实体经济实践中取得明显成效，累计服务客户2万余户，拓展产业链核心企业超过百户。同时，站在产业客户的视角，聚焦产业场景，打造"润秒贴+三方付息"产品模式，解决产业链票据贴现问题，提升企业用票意愿，增加产业票据社会价值和经济效益。

一、为实体企业提供融资支持

创新推出"润秒贴"跨行贴现项目，助力中小微实体企业融资，降低融资成本。

"润秒贴"是华润银行通过综合运用人工智能、大数据和移动互联网等金融科技，瞄准底层客户，为提升客户体验而创新打造的票据贴现产品。"润秒贴"通过小程序入口，以支小、支微、支持实体为导向，打造华润银行在票据贴现细分市场的核心竞争力。首创微信小程序在线注册、认证、签约流程，实现免开户、全线上、智能化、秒到账的极致客户体验，真正意义上解决贴现流程烦琐、小微企业客户贴现融资难、融资贵等问题。华润银行票据贴现业务中，最小票面金额仅0.7元，切实解决小票、散票难以融资的问题。同时，华润银行坚持票据贴现资产快速流转原则，缩短价差，通过科技赋能，降低运营成本，让利实体企业，降低其融资成本。

二、创新工具，持续提升服务能力和质量

（一）持续打好产品组合拳，"润秒贴＋三方付息"创新服务产业客户

华润银行结合客户需求及痛点，通过"润秒贴＋三方付息"创新服务某大型全国连锁超市产业链融资，吸引大量供应商贴现，解决产业链贴现难题，降低核心企业支付结算压力，同时为供应商提供足不出户的贴现服务，并建立双赢长远合作关系。该业务模式已被推广至某大型央企电力公司、医药公司、农业重点龙头企业、知名乳业公司等产业客户，进一步提高了华润银行服务实体企业能力。截至2024年末，华润银行用该模式累计贴现量超过40亿元，服务供应商近千户。同时，华润银行坚持创新，持续进行产品迭代，保持产品生命力，陆续推出"润秒贴2.0"＋免追索、自动兑付、无感贴现等功能，多维度满足实体企业融资需求。

（二）不断创新灵活多样的业务模式，全方位提升服务能力

华润银行积极践行产业银行发展战略，积极拓展央国企产业链，抓住央国企拓展痛点，创新推出"简易授信＋商票秒贴"业务模式，累计服务央国企产业链客户数千户，累计贴现量超过百亿元。同时，不断创新业务模式，深耕商票，实现主动授信、商票保贴、综合授信、票面保证人等多模式用信，拓展一批本地特色客群，覆盖新能源行业、石油行业、医药行业、传统能源行业、调味品行业、体育用品行业等多行业客群。华润银行坚持以产业票据为支撑，与央国企产业平台建立直连，实现系统对

接，为产业链客户提供嵌入式融资服务。

此外，华润银行积极利用再贴现政策工具，给予符合再贴现政策要求的企业一定利率优惠，建立绿名单，切实让利实体企业。近年来累计服务再贴现客户千余户，贴现量近20亿元。

三、通过AI建模识别中介户，进行系统动态监测，精准服务实体企业

准确识别票据中介与实体企业，是票据贴现业务精准服务实体企业的必要举措，具有重要现实意义。华润银行成立研究项目组，通过AI建模及机器学习算法，以票据贴现的客户为基础，采集了华润银行2021—2023年贴现业务的海量数据，按照票据号码对应的票面信息上不同背书人和被背书人进行取数，共获取约464万条数据，并对票面信息数据进行数据清洗，运用机器学习技术构建智能化识别高质量客户模型，形成实体企业正面清单，精准服务实体企业，积极为实体客户提供综合金融服务，扎实做好银行客户积累与沉淀，优化信贷资源配置，切实为服务实体经济、小微客户贡献力量。

四、加强合规经营

华润银行坚决贯彻落实监管要求，在服务实体经济的同时，坚持风控合规经营理念，深化票据全流程风控合规管理，确保票据业务稳健合规经营。一是严格贸易背景审查，积极落实"票据新规"对贸易背景审核的相关要求。二是持续推动信息披露工作，为改善票据市场信用环境贡献积极力量。三是注重科技赋能，不断提升数字化水平，扩大服务半径。

下一步，华润银行将继续秉持服务实体的初心，紧贴客户、沉浸产业、精进体验、加速创新，为实体企业创造更大的价值，提供更高效、更优质的票据服务，助力经济高质量发展。

供稿单位：珠海华润银行

执　笔　人：曾　佳

第六部分

CHAPTER 6

票据市场风险防范控制

合规为纲筑底线
风控为要促发展

2024年，我国经济运行总体平稳、稳中有进，高质量发展扎实推进，但仍面临国内需求不足、部分企业生产经营困难等挑战。《商业银行资本管理办法》（以下简称"资本新规"）年初正式实施，《商业汇票承兑、贴现与再贴现管理办法》年内深入实施（以下简称"票据新规"），票交所年中完成系统融合工作，票据市场运行环境呈现新变化。农业银行前瞻研判票据市场风险形势，科学制定年度风险策略，强化票据业务信用、市场、操作、合规四大风险管理，持续提升风控的精准性、有效性，为票据业务服务实体经济高质量发展保驾护航。

一、2024年票据市场风险环境

（一）信用风险总体稳定

2024年，票据市场信用风险总体可控。在企业信用层面，"票据新规"深入实施以来，信息披露制度约束继续强化，市场主体信用意识持续增强，信用环境更加透明安全，企业信用风险总体稳定。根据票交所发布的数据，截至2024年末，共有1651家企业主体出现承兑人逾期，较年初下降616家，从结构上看，房地产相关企业数量减少882家。在金融机构信用层面，年内银行业金融机构在资产质量、净息差管理压力增大的情况下，加大不良贷款处置力度，不良贷款率同比下降，拨备相对充足，监管部门加快中小银行合并重组和财务公司风险化解处置，金融机构信用风险水平趋于稳定。

（二）市场风险相对平稳

2024年，人民银行多次降准降息，准备金率累计下调1个百分点，提供长期资金约2万亿元，银行间市场资金面总体偏宽松，加之经济运行面临需求不足、票据期限缩短政策深入实施等因素影响，票据市场总体供不应求，利率中枢有一定下移。以6个月期限国有商业银行及股份制商业银行承兑票据转贴现利率为例，全年利率均值为1.28%，同比下降35个基点，波幅（以年内利率最高值与最低值的差值衡量）为172个基点，同比增加10个基点，标准差为45个基点，同比减少4个基点。

（三）操作风险继续下降

2024年，票据市场操作风险总体呈现继续下降趋势。一是金融机构加强系统建设，提高票据业务线上化、自动化、智能化水平，系统操作引发的风险事件减少，年内票交所顺利完成系统融合工作，进一步提升了综合风险防控能力。二是在监管部门指导下，金融机构内控制度更趋完善，人员、流程等引起的操作风险有所降低。三是票交所和金融机构开展的相关培训提升票据业务操作风险防控水平。值得注意的是，随着金融机构承兑、贴现业务量相应增长，操作压力也有所增加。此外，企业间票据业务也面临风险防控压力，年内市场出现了商票融资诈骗、不法分子冒充央企借票据理财欺诈等事件。

（四）合规风险不容忽视

2024年，票据市场保持强监管严监管态势，金融机构合规风险不容忽视。4月，金融监管总局发布《关于促进企业集团财务公司规范健康发展提升监管质效的指导意见》（金规〔2024〕7号），进一步强化财务公司票据业务监管；5月，国务院发布《国有企业管理人员处分条例》，针对国有企业管理人员"违反规定出具金融票证""对违法票据予以承兑"制定处分措施。全年金融监管总局针对金融机构、个人合计开出票据业务罚单299件，同比减少27件，数量仍然较多。处罚环节主要集中在承兑、贴现业务，处罚事由包括贸易背景不真实、保证金管理不合规、贴现资金流向违规、违规发放贷款解付银行承兑汇票、未足额计量转贴现信用风险加权资产等。

二、2024年农业银行票据业务风险管理实践

2024年，面对错综复杂的经济环境和票据市场风险形势，农业银行始终遵循"合规为先、风险为本、稳健发展"的经营理念，统筹票据业务发展和安全，坚持全面风险管理，强化风控机制建设和风险策略执行，重点做好信用、市场、操作和合规四大风险管理，持续完善风险识别、监测、预警和处置机制，推动票据业务高质量发展，不断提升服务实体经济能力和质效。

（一）动态防范信用风险

一是强化信用风险信号日常监测。健全信用风险识别、监测和报告工作流程，持续跟踪票据签发人、承兑人及交易对手等信用主体经营业绩恶化、相关负面舆情、票据逾期和监管处罚信息等风险信号，监测票据风险状态、资产风险分类等情况，及时做好风险隐患处置工作。二是落实统一授信管理要求。坚持"先授信、后用信"，严格按照授信管理规定扣占票据业务授信，加强交易对手与承兑行集中度管理。三是定期开展信用风险压力测试。构建计量模型模拟测试各类场景下信用主体资质变化情况，针对性采取应对措施，提高极端风险应对处置能力。根据市场新形势持续完善压力测试场景，改进相关参数的计量方法，多维度反映宏观经济变化的影响，提升测试结果的精准性、适用性。

（二）精准防控市场风险

一是加强市场走势研判和交易策略统筹。密切跟踪宏观经济形势、货币政策以及票据市场运行情况，研判票据利率走势，动态调整业务策略，合理把握业务

节奏，优化资产结构。二是严格业务定价和久期管理。持续监测分析各类业务利率变化情况，常态化开展票据资产久期管理。三是分析应对"资本新规""票据新规"实施对票据利率走势的影响。立足票据全生命周期业务，持续分析企业票据支付融资需求变化，科学分析市场供需变化对利率的影响。四是定期开展市场风险压力测试。通过历史场景测试和敏感性分析方法，模拟不同压力场景下的利率变动对资产质量及业务经营的影响，前瞻做好应对处置，严密防范外部冲击和风险交叉传染。

（三）稳妥管理操作风险

一是落实操作风险管理要求。加强操作风险的日常监测分析，严格贯彻《银行保险机构操作风险管理办法》《银行保险机构涉刑案件风险防控管理办法》，做好新规宣贯和外规内化，修订操作风险监测内容和关键风险指标，完善票据业务柜面作业规则，提升操作风险管理质效。二是强化系统建设和数字赋能。进一步优化票据业务系统操作流程，强化风险管理，应用机器人流程自动化项目，提高业务数字化、智能化水平，加强网络和数据安全管理。三是做好员工管理和业务连续性管理。落实岗位轮换和强制休假制度，组织开展业务培训，完善并演练业务应急预案。

（四）严格管控合规风险

一是加强关键合规风险点管理。严格落实"票据新规""资本新规"等制度，加强票据业务交易背景审查、承兑业务保证金管理和贴现资金流向管理，强化资金流向的系统监控，严格计提风险加权资产。二是强化合规排查。提升排查的覆盖面和针对性，重点加强对业务、员工行为、安全生产等方面的监督检查，做到抓早抓小、防微杜渐。三是提高合规管理质效。密切关注监管政策动态，做好制度建设和执行，梳理总结监管处罚情况，定期编发合规提示，提高合规履职能力。四是筑牢良好合规文化基础。深入践行"五要五不"中国特色金融文化，统筹推进清廉金融文化和合规文化建设，组织合规学习、宣讲、培训、普法宣传、警示教育等活动，提升全员合规意识和能力。

三、2025年票据市场风险形势与防控建议

（一）2025年票据市场风险形势展望

信用风险总体可控。2025年，经济运行或存在外部环境变化带来不利影响、国内需求不足等困难和挑战，但长期向好的支撑条件和基本趋势没有变，更加积极有为的宏观政策将助力经济保持稳定增长。在财政政策更加积极、货币政策适度宽松的背景下，企业经营或随着宏观政策落地显现边际改善，企业信用风险有望保持相对稳定，但仍需谨慎防范经济持续回升向好过程不均衡、力度不及预期导致的结构性信用风险。随着央行实施"择机降准降息""保持流动性充裕"等支持政策，加之金融风险处置常态化机制不断健全、监管部门持续推动中小金融机构改革化险，预计金融机构信用风险较为稳定。

市场风险仍需关注。2025年，在经济保持稳定增长、央行实施适度宽松货币政策和超常规逆周期调节、银行间市场流动性更加充裕的背景下，叠加增强信贷增长稳定性、促进社会综合融资成本稳中有降的政策导向，预计票据市场利率延续低位运行，中枢有所下移，总体波动性或有所收窄。考虑到2025年宏观经济回暖的节奏和幅度，以及"票据新规""资本新规"对商业银行票据业务经营行为的可能影响，票据市场利率的波动可能相对频繁，市场风险仍存在一定的管理难度。

操作风险稳定下降。在系统操作层面，中国票据业务系统持续稳定运行和金融机构、用票企业熟练使用系统将有效降低操作风险。在人员操作层面，2025年票据市场或继续发挥逆周期支持作用，金融机构业务量持续增长，业务人员操作压力有所增加，考虑到金融科技赋能和机构风控机制持续健全，预计风险相对可控。在产品研发方面，"供应链票据""票付通""贴现通"等创新产品加快推广运用，市场渗透率持续提升，金融机构需要关注和管理其中蕴含的操作风险。同时，随着商业银行深入落实《银行保险机构操作风险管理办法》，预计操作风险管理的健全性和有效性将稳步提高。

合规风险仍需重视。2024年末，中央政治局会议和中央经济工作会议指出，要有效防范化解重点领域风险，牢牢守住不发生系统性风险的底线，金融监管总局也提出要着力做好防风险、强监管、促发展各项工作，持续提升监管能力，同时《金

融机构合规风险管理办法》于2025年3月正式施行，既有助于金融机构提高合规风险管理水平，也意味着合规风险管理压力增加，预计票据市场监管形势总体趋严。随着"票据新规""资本新规"继续深入实施，真实的交易关系和债权债务关系、贴现资金流向、保证金管理、风险加权资产计提等问题仍将是年度监管重点。

（二）相关风险防控建议

在信用风险方面，一是加强经济金融形势研判，密切关注企业、金融机构等信用主体的风险变化，动态调整票据业务准入标准，严格开展业务存续期管理。二是持续健全票据信用风险防控体系，创新防控工具和手段，通过信息披露、信息共享、系统控制、模型监测等多维度进行风险管理，进一步提高精准性和有效性。

在市场风险方面，一是强化对票据市场利率走势和期限价差变化的研判，前瞻规划摆布业务结构，防范利率波动风险。二是深化市场风险管理工具运用，综合采用久期、基点价值、风险价值（VAR）等指标计量市场风险，适时开展利率风险压力测试。

在操作风险方面，一是加强业务系统建设和科技赋能，精确识别和防范潜在风险点，强化客户准入、授信等关键风险点的系统管控，同步做好项目管理、数据安全保护、系统维护等工作。二是加强人员业务培训，增强业务操作能力，做好业务连续性管理，提高突发事件应对处置能力。三是加强创新业务操作风险评估，全面梳理风险点，制定并落实相应管控措施。

在合规风险方面，一是牢固树立正确经营观、业绩观和风险观，积极践行"五要五不"中国特色金融文化，稳健审慎、依法合规开展票据业务，持续推进合规管理机制建设。二是实时关注法律法规和监管政策变化，准确把握监管导向，严格贯彻落实"票据新规""资本新规"等监管要求。

供稿单位：中国农业银行

执 笔 人：刘文军　凌　典　谈　韵　邓　浩　胡伟靖

严守风控合规底线
助推业务稳健经营

桂林银行始终以习近平新时代中国特色社会主义思想为指导，持续贯彻落实中央经济工作会议、中央金融工作会议等精神、党委政府决策部署及监管政策导向，紧跟票交所步伐，坚持票据服务实体经济本源，坚定不移推进票据业务风险防范工作，从科技系统优化、信用信息披露、内控制度建设、业务合规管理、风险预警监测等方面强化风险管理，深化内控合规管理体系建设，切实推动票据业务健康持续发展。

一、推进票据系统升级迭代，强化科技风险防控

桂林银行根据人民银行和票交所的业务规则及票据市场业务模式的转变，改造升级行内票据系统，将风险管控功能作为核心内容进行强化，最大限度防范票据业务操作风险。

一是完成新旧票据系统顺利切换及电子商业汇票系统（ECDS）存量数据迁移。新一代票据业务系统（以下简称新系统）的全面上线实现了一个业务系统、一套接口功能兼容纸电票据全生命周期业务流程，彻底解决了原有票据市场因两个系统并行导致的业务处理复杂、运行风险大、成本投入多等技术问题，同时引入企业信息

报备、账户主动管理、承兑信息披露、信用信息查询等身份校验和信用约束机制，形成前后一体、多管齐下的风控体系。

二是不断优化行内票据系统与行内相关业务及管理系统的数据连通，确保各系统间的高效整合与顺畅交互，建立起覆盖票据全生命周期的稳定票据管理体系。如将信贷审批机制切入新系统流程，强化授信管理，系统校验授信额度及审批权限。

三是全面推进行内票据系统在数据库、操作系统、中间件、应用服务器等层面国产化改造，从根本上消除对国外软硬件的依赖，解决了原关键软硬件技术自主可控能力薄弱痛点，为桂林银行票据业务的标准化、电子化、多元化发展提供了稳定、高效的业务处理系统。

四是实现行内票据系统嵌入黑名单监测功能，通过系统交互实时监测票据业务全流程中的风险隐患，对于高风险企业自动触发黑名单预警，暂停其业务办理流程，并通知相关业务人员进行人工审核与处理，有效提升业务风险管控能力。

二、规范票据信用信息披露要求，完善信用约束机制

桂林银行根据《商业汇票承兑、贴现与再贴现管理办法》（中国人民银行、中国银行保险监督管理委员会令〔2022〕第4号）及《商业汇票信息披露操作细则》（票交所公告〔2022〕1号）等相关要求，严格落实商业汇票信息披露工作有关要求。一是先后修订商业承兑汇票贴现、质押业务制度，明确不得对未做信息披露的商业承兑汇票办理贴现、质押、保证等业务。二是在人民银行指导下，主动引导使用本行账户开立商业承兑汇票且未及时进行信息披露的企业及时完成信息披露，充分提示其未来可能存在因未按规定披露而被暂停业务的风险。三是定期通过票交所票据信息披露平台公布的持续逾期名单做好商业承兑汇票逾期监测，加强对名单中客户其他业务的风险监测和预警，及时向客户提示其商业承兑汇票的逾期情况和信息，督促和协助客户尽快完成到期商业承兑汇票的兑付工作。同时，持续优化自身票据业务功能，加强票据到期兑付监测，避免因系统原因造成本行承兑票据逾期，不断提升票据服务信用水平。

三、建立健全票据内控管理体系，提升精细化管理水平

桂林银行围绕"管理一体化、制度规范化、流程标准化"目标，通过制度建设、流程管理方式，持续提升内控风险防范能力，促进业务合规发展。

一是实行票据业务一体化经营机制，打破部门条线界限，总行各管理部门依据部门职责、行内授权文件落实业务授信管理，以及对业务风险状态进行独立监控。

二是加强和完善业务制度建设，严格做好业务、产品的制度衔接和流程规范，定期修订票据业务产品相关管理办法和操作规程，确保制度的时效性与适用性，为票据业务合规、稳健发展提供制度保障。

三是规范业务办理流程，明确规定各经营机构严格遵循监管和行内相关管理办法、制度流程，审核贸易背景真实性、保证金来源和贴现资金用途。

四是加强各经营机构业务办理人员的岗位制约，建立岗位分离机制，实行业务前台营销和中台风险控制的分离。

四、强化票据授信合规管理，夯实业务合规发展基础

桂林银行将票据业务贷前、贷中、贷后调查均纳入全行统一授信管理，根据全行统一授信管理要求和职责开展票据业务客户准入、贸易背景真实性审查、业务用途辨识、额度审批、保证金来源、贴现资金流向审查监督、授信材料归档管理等工作，全流程执行授信审查、审批及准入机制。

一是贷前调查严格执行贸易背景真实性审核，从多个角度交叉验证，分析企业票据额度与经营规模、贸易需求是否匹配，审核客户经济行为、贸易逻辑是否合理，并将交易合同、发票、出入库单据等作为佐证材料，确保贸易背景真实。

二是贷中审查时，严格审查第一还款来源和第二还款来源，确保其充足可靠，重点关注保证金来源合规性的审核，确保合规。

三是贷后管理加强对贴现资金流向的跟踪监控，须用于企业实际经营，严防流入股市房市、转存票证保证金、回流出票人等不合规情况；同时要求各经营机构在用信后规定时间内完成增值税发票等贷后材料收集核验归档。

五、搭建票据风险监测预警模型，数字助力金融服务提质增效

桂林银行采用信息化、数字化手段建立风险评估模型和动态监测预警机制，进一步提高票据业务风险管理智能化、精准化水平。

一是以EAST报送数据[①]为基础，搭建数据模型对票据业务风险进行监控，监控内容涵盖保证金来源分析、贴现资金回流、客户互开承兑汇票等情况，并通过每月固定跑批模型形成风险预警数据，为日常授信后风险排查提供更精确的方向，同时也可根据发现的风险隐患提前采取有效措施防范风险。

二是将票据业务所有客户、账户、交易数据纳入反洗钱监测，针对业务异常交易设置3个可疑监测模型，分别为疑似非法经营票据（自买自贴）、利用关联关系虚构贸易背景申请贴现（关联企业同银行）、利用关联关系虚构贸易背景申请贴现（关联企业不同银行），并配置"汇票开出短时间内申请贴现""频繁大额资金贴现（对公）"等约51个风险事件场景，从客户、账户、交易三个维度监测分析票据业务交易的合理性，充分利用反洗钱系统实现对电子票据业务的监控。当系统发现交易符合可疑交易标准时，自动触发预警提示为可疑案例，针对票据业务的可疑案例由行内反洗钱中心下发尽职调查指令至经营机构完成尽职调查，确保桂林银行票据业务合规有序经营。

六、细化票据交易风险防范举措，强化交易合规意识

桂林银行作为票据市场的重要参与者，实现了全行票据业务登记托管、清算结算、数据信息的集中统一管理，建立起包含票据全生命周期的票据业务电子化管理

---

① EAST是由原银保监会主导的监管分析平台，全称为Examination and Analysis System Technology，即检查分析系统；EAST对于银行业而言，既是一套开放的数据分析平台，能够筛选、建模、分析和应用银行业务数据，满足监管需求；也是一套通用的、相对封闭的数据采集规范，要求银行业金融机构按照监管标准采集并定期报送数据。经过10年的发展与5个版本的迭代，EAST系统已与业务发展和监管要求紧密相连。例如，监管部门发布的《银行业金融机构监管数据标准化规范（2021版）》，业界称为EAST 5.0。此处"EAST报送数据"应理解为银行业金融机构标准化监管数据。

体系，与其他金融同业机构间的票据交易已全面电子化、线上化，基本杜绝了虚假交易等重大票据交易风险。针对当前二级市场票据交易中可能存在的信用风险、道德风险和操作风险，主要防控措施如下。

一是在信用风险方面，对票据的承兑人、贴现人等信用主体严格执行同业授信准入机制。根据行内金融同业授信相关制度要求，严格同业机构准入，审慎测算授信额度，在业务品种、授信额度内开展票据交易，防范整体信用风险。

二是在道德风险方面，强化廉政文化教育，开展案件警示学习，提升票据交易人员的合规意识。实行前后台岗位分离，严格业务审批流程，杜绝交易员滥用权限、业务一手操办等情形，防范道德风险。

三是在操作风险方面，持续完善系统建设和流程建设，将合规操作嵌入系统流程，不定期对商业汇票管理系统升级改造，防范系统漏洞，并采取双人复核记账机制，从人控和机控两个方面防范操作风险。

七、深入开展合规文化建设，厚植稳健经营底色

桂林银行始终坚持合规文化建设，积极落实监管要求，保障业务合规经营。一是将票据业务合规性审查监测融入日常经营管理工作，坚持制度化、常态化、规范化开展案件风险排查工作，建立起现场检查与非现场核查、人工排查与系统自动监测相结合的合规检查机制。二是健全"人防"机制，加强人员素质培养及队伍建设，针对不同层级、岗位员工，建立全方位、精细化的培训体系，多形式开展合规培训、案件防控教育，将票据业务纳入公司客户经理培训方案，从源头进行风险防控教育；定期组织开展票据业务关键岗位员工培训，及时传导最新监管政策，不断深化全行风险防范意识和风险鉴别能力，始终保证在合规与风险底线的前提下开展业务。

中央金融工作会议提出，金融系统要着力做好科技金融、绿色金融、普惠金融、养老金融、数字金融"五篇大文章"，指明了金融支持经济高质量发展的发力点和经济金融结构优化的基本方向。2025年，桂林银行将紧扣票据服务"五篇大文章"主线，主动探索票据与"五篇大文章"的结合点，深挖票据在科技、绿色、涉

农、康养、数字等方面的应用。与此同时，继续紧跟监管政策导向坚守风险合规底线，持续健全信用风险防范机制、强化系统智能风险管控、夯实风险管理工作基础，探索构建多维度风险评估体系和监测分析机制，以更加坚决的态度、更加自觉的行为、更加有力的举措推进票据业务风险防控体系建设，以高质量的风险防控成效支持票据业务更好地服务区域实体经济发展，扎实做好金融"五篇大文章"。

供稿单位：桂林银行

执 笔 人：蒋婷婷 梁 尉 吴怡凝 李楚杭

蒋荣芳 曾颖婷 朱瑞梅

附录

APPENDIX

附录一
2024年票据市场大事记

1月5日，国家金融监督管理总局印发《关于加强科技型企业全生命周期金融服务的通知》（金发〔2024〕2号），其中提出规范发展供应链金融，依托产业链核心科技型企业，通过票据等方式，加大产业链上下游中小微科技型企业信贷支持。

1月25日，为巩固和增强经济回升向好态势，中国人民银行决定分别下调支农再贷款、支小再贷款和再贴现利率各0.25个百分点。本次下调后，再贴现利率为1.75%。

1月26日，上海票据交易所发布《上海票据交易所参与者管理办法》（票交所发〔2024〕13号），旨在进一步完善参与者管理服务体系，便利市场主体参与上海票据交易所业务，保障参与者各方合法权益，服务市场健康发展。

4月3日，国家金融监督管理总局、工业和信息化部、国家发展和改革委员会联合印发《关于深化制造业金融服务 助力推进新型工业化的通知》（金发〔2024〕5号），其中提出规范发展供应链金融，强化对核心企业的融资服务，通过票据等方式促进产业链条上下游企业协同发展。

4月12日，国务院总理李强主持召开国务院常务会议，其中研究健全解决企业账款拖欠问题长效机制的举措，提出抓紧完善商业汇票管理等制度规定。

4月29日，国家金融监督管理总局印发《关于促进企业集团财务公司规范健康发展提升监管质效的指导意见》（金规〔2024〕7号），进一步强化财务公司票据业务监管。

6月4日，上海票据交易所发布《上海票据交易所发展规划（2024—2026年）》。

7月26日，中国人民银行、国家金融监督管理总局、中国证券监督管理委员会、国家外汇管理局、天津市人民政府联合印发《关于金融支持天津高质量发展的意见》，其中提出鼓励金融机构探索完善绿色票据等产品和服务。

7月27日，上海票据交易所组织全市场各类机构参与者如期完成中国票据业务系统全面融合工作，切实保障存量客户业务办理无缝衔接、无感切换。中国票据市场由两套系统并行的状态升级为一套系统覆盖票据全生命周期。

7月29日，中国人民银行发布实施票据市场金融行业标准《票据市场　商业汇票业务信息模型规范》（JR/T 0306—2024），该标准规定了商业汇票业务信息模型的基本组成及其关系和扩展机制。

8月1日，中国人民银行召开2024年下半年工作会议，其中提出推动票据市场健康发展。

9月13日，中国证券监督管理委员会修订发布《证券公司风险控制指标计算标准规定》（证监会公告〔2024〕13号），自2025年1月1日起施行。其中，在"优质流动性资产"与"未来30日现金流出"中单列了银行承兑汇票，并首次在风险资本准备与净稳定资金率中明确了银行承兑汇票相关指标计算方式。

10月22日，中国人民银行发布《中国人民银行关于修改部分规章的决定》（中国人民银行令〔2024〕第5号），自2025年1月1日起施行。其中，修改《电子商业汇票业务管理办法》，对第八十条关于电子商业汇票的处罚规定进行了调整。

11月29日，在中国人民银行指导下，中国银行间市场交易商协会和上海票据交易所联合开展直接模式供应链票据资产证券化业务试点，中国银行间市场交易商协会发布《关于开展供应链票据资产证券化创新试点的通知》（中市协发〔2024〕161

号），上海票据交易所发布《供应链票据资产证券化基础资产操作指引》（票交所发〔2024〕83号）。

12月31日，首单直接模式供应链票据资产证券化产品成功发行。

12月31日，国家金融监督管理总局印发《小额贷款公司监督管理暂行办法》，提出小额贷款公司可以依法经营商业汇票承兑、贴现业务。

附录二
票据市场统计资料

附表一　票据业务统计数据汇总

报告期限	当年累计签发商业汇票金额/万亿元	同比增速/%	期末商业汇票未到期金额/万亿元	同比增速/%	当年金融机构累计贴现/万亿元	同比增速/%	期末票据融资余额/万亿元	同比增速/%	再贴现余额/亿元
2000年第四季度	0.75	47.00	—	—	0.65	158.00	—	—	—
2001年第一季度	0.14	105.00	—	—	0.16	246.00	—	—	—
2001年第二季度	0.42	90.10	—	—	0.46	199.80	0.21	—	1089.00
2001年第三季度	0.86	—	—	—	1.05	—	—	—	—
2001年第四季度	1.28	—	0.51	—	1.56	—	0.28	—	655.00
2002年第一季度	—	—	—	—	—	—	—	—	—
2002年第二季度	—	—	—	—	—	—	—	—	—
2002年第三季度	—	—	—	—	—	—	—	—	—
2002年第四季度	1.61	35.00	—	—	2.31	61.00	—	—	—
2003年第一季度	0.50	74.50	0.82	63.80	0.84	123.70	0.67	89.70	—

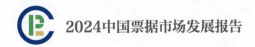

续表

报告期限	当年累计签发商业汇票金额/万亿元	同比增速/%	期末商业汇票未到期金额/万亿元	同比增速/%	当年金融机构累计贴现/万亿元	同比增速/%	期末票据融资余额/万亿元	同比增速/%	再贴现余额/亿元
2003年第二季度	1.25	79.30	1.07	89.50	1.95	120.00	0.82	100.00	—
2003年第三季度	1.48	78.70	1.09	87.20	2.34	110.00	0.83	96.70	—
2003年第四季度	2.77	72.20	1.28	73.50	4.44	91.00	0.89	69.70	—
2004年第一季度	0.74	47.80	1.30	57.20	1.02	20.20	0.97	50.10	—
2004年第二季度	1.60	29.00	1.36	27.10	2.20	14.90	1.08	17.60	—
2004年第三季度	2.45	23.00	1.42	16.00	3.25	67.00	0.95	—	52.00
2004年第四季度	3.40	22.00	1.50	17.00	4.50	4.00	1.00	26.00	33.00
2005年第一季度	0.95	21.00	1.55	20.00	1.35	29.00	1.12	18.00	23.00
2005年第二季度	2.08	30.00	1.69	25.00	2.98	36.00	1.20	15.00	12.55
2005年第三季度	3.21	31.00	2.07	46.00	4.74	41.00	1.32	38.00	6.50
2005年第四季度	4.45	30.10	1.96	32.00	6.75	43.30	1.38	35.00	2.39
2006年第一季度	1.38	35.00	2.34	51.00	2.28	68.00	1.93	72.00	1.35
2006年第二季度	2.71	30.25	2.34	38.56	4.44	48.75	1.73	44.65	5.59
2006年第三季度	4.01	24.88	2.22	6.86	6.46	36.31	1.76	13.50	21.37
2006年第四季度	5.43	22.00	2.21	12.80	8.49	25.80	1.72	6.70	18.20
2007年第一季度	1.40	3.40	2.30	−0.17	2.60	13.90	1.80	−6.60	9.40
2007年第二季度	2.90	8.60	2.50	7.40	5.20	16.60	1.80	−11.10	49.10
2007年第三季度	4.50	11.10	2.60	16.50	8.00	23.70	1.60	−10.40	56.10
2007年第四季度	5.87	8.13	2.44	10.36	10.11	19.07	1.28	−25.61	57.43
2008年第一季度	1.50	5.30	2.50	7.30	2.90	11.60	1.20	−33.40	36.30
2008年第二季度	3.40	14.20	2.90	15.30	5.80	12.30	1.30	−26.30	51.10
2008年第三季度	5.10	14.90	3.10	19.00	9.50	18.50	1.40	−8.50	44.00

续表

报告期限	当年累计签发商业汇票金额/万亿元	同比增速/%	期末商业汇票未到期金额/万亿元	同比增速/%	当年金融机构累计贴现/万亿元	同比增速/%	期末票据融资余额/万亿元	同比增速/%	再贴现余额/亿元
2008年第四季度	7.10	20.70	3.20	30.90	13.50	33.60	1.90	50.40	—
2009年第一季度	3.00	80.90	4.50	80.10	6.20	107.70	3.10	130.30	6.70
2009年第二季度	5.40	72.00	5.00	74.00	12.80	134.00	3.60	182.00	8.90
2009年第三季度	7.80	53.00	4.30	41.00	18.10	90.00	2.80	95.00	87.70
2009年第四季度	10.30	45.00	4.10	29.40	23.20	71.40	2.40	23.70	181.20
2010年第一季度	2.80	−6.90	4.40	−1.50	6.20	−0.30	1.80	−48.30	263.00
2010年第二季度	5.50	1.60	4.70	−6.30	12.10	−4.60	1.70	−52.30	473.10
2010年第三季度	8.60	10.30	5.00	16.30	18.10	0.00	1.60	−43.90	561.00
2010年第四季度	12.20	18.50	5.60	35.90	26.00	12.40	1.50	−37.90	791.00
2011年第一季度	3.60	31.70	5.90	33.60	6.90	12.80	1.20	−29.70	766.00
2011年第二季度	7.60	38.30	6.70	42.80	13.20	9.00	1.40	−21.60	817.00
2011年第三季度	11.20	26.30	6.50	23.90	18.20	−5.20	1.50	−5.30	—
2011年第四季度	15.10	23.80	6.70	18.70	25.00	−3.80	1.50	2.10	—
2012年第一季度	4.00	10.40	7.20	21.60	5.70	—	1.80		—
2012年第二季度	8.80	15.20	8.10	20.30	14.10	6.70	2.30	67.50	—
2012年第三季度	13.10	17.80	8.40	28.70	22.50	23.70	2.30	56.70	—
2012年第四季度	17.90	18.80	8.30	25.40	31.60	26.40	2.00	35.10	760.00
2013年第一季度	5.40	35.10	9.20	27.90	9.50	67.30	2.20	21.60	—
2013年第二季度	10.70	21.80	9.20	12.80	22.40	58.80	2.30	2.30	—
2013年第三季度	15.20	15.60	8.90	6.30	34.60	54.10	2.10	−12.10	—
2013年第四季度	20.30	13.30	9.00	8.30	45.70	44.30	2.00	−4.10	—
2014年第一季度	5.70	4.50	9.50	2.60	10.80	13.70	1.90	−12.50	—

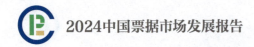

续表

报告期限	当年累计签发商业汇票金额/万亿元	同比增速/%	期末商业汇票未到期金额/万亿元	同比增速/%	当年金融机构累计贴现/万亿元	同比增速/%	期末票据融资余额/万亿元	同比增速/%	再贴现余额/亿元
2014年第二季度	11.00	2.50	10.20	11.40	25.60	14.70	2.20	−5.40	—
2014年第三季度	16.20	6.90	9.70	8.80	42.50	22.80	2.70	31.10	1257.00
2014年第四季度	22.10	8.90	9.90	9.30	60.70	33.00	2.90	48.90	1372.00
2015年第一季度	5.40	−4.80	10.20	7.20	19.20	77.60	3.10	63.30	1322.00
2015年第二季度	11.30	3.20	10.80	5.80	47.90	87.00	3.80	71.70	1300.00
2015年第三季度	16.60	2.30	10.60	9.30	75.20	77.00	4.30	59.70	1281.00
2015年第四季度	22.40	1.30	10.40	5.40	102.10	68.20	4.60	56.90	1305.00
2016年第一季度	4.90	−8.40	10.50	3.60	27.30	41.90	4.90	60.60	1230.00
2016年第二季度	9.40	−16.70	9.80	−9.20	51.90	8.20	5.30	40.70	1202.00
2016年第三季度	13.60	−18.10	9.50	−10.70	70.20	−6.70	5.70	32.50	1138.00
2016年第四季度	18.10	−19.30	9.00	−13.30	84.50	−17.20	5.50	19.60	1165.00
2017年第一季度	5.60	12.60	8.80	−16.10	12.10	−55.50	4.40	−11.20	1224.00
2017年第二季度	9.50	0.60	8.30	−15.60	22.40	−56.90	3.90	−27.00	1402.00
2017年第三季度	13.20	−3.10	8.10	−14.74	31.20	−55.60	3.70	−34.40	1504.00
2017年第四季度	17.00	−6.10	8.20	−9.50	40.30	−52.40	3.90	−28.90	1829.00
2018年第一季度	4.00	−27.40	8.50	−3.90	7.10	−41.50	3.80	−12.70	1894.00
2018年第二季度	7.70	−18.80	8.50	3.10	13.90	−38.10	4.30	10.00	1901.00
2018年第三季度	11.80	−10.30	8.70	7.10	21.80	−30.20	5.10	36.10	2162.00
2018年第四季度	—	—	9.40	14.90	—	—	5.80	48.70	3290.00
2019年第一季度	4.80	18.60	10.60	25.10	10.00	41.00	6.60	71.30	3858.00
2019年第二季度	9.20	19.80	11.80	37.70	19.40	40.40	7.00	62.90	4067.00
2019年第三季度	15.00	14.40	12.40	24.30	27.00	35.20	7.50	47.20	4427.00

续表

报告期限	当年累计签发商业汇票金额/万亿元	同比增速/%	期末商业汇票未到期金额/万亿元	同比增速/%	当年金融机构累计贴现/万亿元	同比增速/%	期末票据融资余额/万亿元	同比增速/%	再贴现余额/亿元
2019年第四季度	20.40	11.60	12.70	15.30	34.30	25.50	7.60	31.80	4714.00
2020年第一季度	6.00	12.10	13.40	10.60	10.90	3.10	8.20	25.60	5082.00
2020年第二季度	11.70	16.60	14.20	15.30	22.10	19.00	8.60	23.30	4336.00
2020年第三季度	16.50	10.10	13.90	11.90	30.60	13.50	8.10	7.30	4822.00
2020年第四季度	22.10	8.40	14.10	10.70	40.40	17.70	8.40	9.70	5784.00
2021年第一季度	6.10	1.40	14.10	4.90	11.40	3.80	7.90	−4.50	5744.00
2021年第二季度	12.30	5.30	14.30	1.00	23.80	7.60	8.60	−0.10	5922.00
2021年第三季度	18.00	8.80	14.60	4.90	34.90	14.10	9.20	13.90	5842.00
2021年第四季度	24.20	9.30	15.00	6.30	45.90	13.70	9.90	17.90	5903.00
2022年第一季度	7.00	13.80	15.80	11.80	13.40	18.20	10.70	35.30	6247.00
2022年第二季度	14.10	14.30	16.60	16.00	28.90	21.20	12.00	39.40	6145.00
2022年第三季度	20.40	13.70	17.00	16.70	41.90	19.90	12.40	34.70	5449.00
2022年第四季度	27.40	13.40	17.40	16.00	53.90	17.50	12.80	30.00	5583.00
2023年第一季度	5.90	−15.70	16.70	5.80	10.80	−19.50	11.80	11.00	6061.00
2023年第二季度	12.40	−11.70	16.30	−2.20	25.60	−11.30	11.90	−0.40	5950.00
2023年第三季度	21.10	3.30	16.60	−2.30	43.20	4.60	12.50	1.00	5289.00
2023年第四季度	31.40	14.50	17.10	−1.40	62.60	16.20	13.20	2.70	5920.00
2024年第一季度	7.80	32.70	16.40	−1.90	13.50	25.00	11.60	−1.50	5991.00
2024年第二季度	17.90	44.40	16.50	1.30	32.40	27.00	12.80	7.50	6000.00
2024年第三季度	27.20	28.60	17.90	7.50	47.30	9.50	11.70	−1.50	5835.00
2024年第四季度	38.30	22.20	18.70	9.00	64.80	3.40	14.70	11.90	5758.00

资料来源：历年《中国货币政策执行报告》。

附表二　票据利率与贷款利率

报告期限	贷款加权平均利率/%	票据融资加权平均利率/%
2009年第一季度	4.76	1.88
2009年第二季度	4.98	1.95
2009年第三季度	5.05	2.48
2009年第四季度	5.25	2.74
2010年第一季度	5.51	3.55
2010年第二季度	5.57	3.77
2010年第三季度	5.59	3.86
2010年第四季度	6.19	5.49
2011年第一季度	6.91	6.26
2011年第二季度	7.29	6.98
2011年第三季度	8.06	9.55
2011年第四季度	8.01	9.06
2012年第一季度	7.61	6.20
2012年第二季度	7.06	5.07
2012年第三季度	6.97	6.23
2012年第四季度	6.78	5.64
2013年第一季度	6.65	4.62
2013年第二季度	6.91	5.88
2013年第三季度	7.05	6.61
2013年第四季度	7.20	7.54
2014年第一季度	7.18	6.28

续表

报告期限	贷款加权平均利率/%	票据融资加权平均利率/%
2014年第二季度	6.96	5.51
2014年第三季度	6.97	5.22
2014年第四季度	6.77	5.67
2015年第一季度	6.56	5.40
2015年第二季度	6.04	4.01
2015年第三季度	5.70	4.29
2015年第四季度	5.27	3.33
2016年第一季度	5.30	3.62
2016年第二季度	5.26	3.43
2016年第三季度	5.22	3.05
2016年第四季度	5.27	3.90
2017年第一季度	5.53	4.77
2017年第二季度	5.67	5.39
2017年第三季度	5.76	4.98
2017年第四季度	5.74	5.23
2018年第一季度	5.96	5.58
2018年第二季度	5.97	5.11
2018年第三季度	5.94	4.22
2018年第四季度	5.63	3.84
2019年第一季度	5.69	3.64
2019年第二季度	5.66	3.64
2019年第三季度	5.62	3.33

续表

报告期限	贷款加权平均利率/%	票据融资加权平均利率/%
2019年第四季度	5.44	3.26
2020年第一季度	5.08	2.94
2020年第二季度	5.06	2.85
2020年第三季度	5.12	3.23
2020年第四季度	5.03	3.10
2021年第一季度	5.10	3.52
2021年第二季度	4.93	2.94
2021年第三季度	5.00	2.65
2021年第四季度	4.76	2.18
2022年第一季度	4.65	2.40
2022年第二季度	4.41	1.86
2022年第三季度	4.34	1.92
2022年第四季度	4.14	1.60
2023年第一季度	4.34	2.67
2023年第二季度	4.19	2.03
2023年第三季度	4.14	1.80
2023年第四季度	3.83	1.47
2024年第一季度	3.99	2.26
2024年第二季度	3.68	1.60
2024年第三季度	3.67	1.35
2024年第四季度	3.28	1.02

资料来源：历年《中国货币政策执行报告》。

附表三　2024年商业汇票业务数据（发生额）

单位：笔、亿元

时间	承兑 银票 笔数	承兑 银票 金额	承兑 商票 笔数	承兑 商票 金额	承兑 财票 笔数	承兑 财票 金额	贴现 银票 笔数	贴现 银票 金额	贴现 商票 笔数	贴现 商票 金额	贴现 财票 笔数	贴现 财票 金额	转贴现 银票和财票 笔数	转贴现 银票和财票 金额	转贴现 商票 笔数	转贴现 商票 金额	质押式回购 银票和财票 笔数	质押式回购 银票和财票 金额	买断式回购 银票和财票 笔数	买断式回购 银票和财票 金额
2024年1月	1738647	22605.2	202562	3711.3	34124	517.5	840706	15198.4	40887	2151.8	18246	269.9	61172	49574.7	5588	8760.4	5587	27597.1	339	1230.5
2024年2月	1174701	18878.8	213601	3083.4	28851	468.8	862828	15500.3	32922	1649.0	18842	261.7	58346	53115.4	4393	7838.7	3674	18828.0	210	951.4
2024年3月	1156830	24495.6	144725	3550.7	28167	567.6	1068886	19831.2	36101	2084.5	17035	260.4	72722	57138.7	5303	8390.0	5705	31365.6	521	2549.7
2024年4月	1240164	27870.0	157140	3109.5	28275	539.2	1406239	24548.7	30946	1524.9	20535	353.4	91371	77188.2	5798	8652.1	6498	35185.0	864	5081.6
2024年5月	1216101	32248.8	149540	3119.2	29648	535.8	1447099	28502.8	32589	1692.8	19976	296.8	83506	62295.9	5656	7195.7	3771	21174.6	309	1499.5
2024年6月	1156120	29221.3	164651	4344.7	29558	593.5	1386534	25781.5	36761	2508.6	19586	312.8	71200	47852.1	5240	6950.0	3468	19213.9	186	738.8
2024年7月	1215438	27705.0	171075	3465.5	25840	517.3	1322848	23543.1	34814	1754.9	16640	297.3	76445	46030.0	5038	5196.4	4013	22284.7	213	812.6
2024年8月	1167797	24856.8	166614	3395.5	25850	571.7	1335101	20470.2	33796	1649.5	17521	340.9	60621	49731.0	4391	6657.4	3988	20823.4	213	734.2
2024年9月	1240861	26754.5	194907	4273.4	25142	578.0	1502015	22254.7	39301	2112.7	18412	310.6	57416	44718.4	5035	5650.6	3925	18850.6	133	492.6
2024年10月	1221969	27367.2	147711	3108.9	25556	503.2	1504635	23586.1	30597	1384.8	17913	270.3	62258	56477.9	4656	5574.0	4349	20877.2	197	852.7
2024年11月	1225226	32772.6	162556	3772.2	27521	594.9	1627518	27886.6	35716	1952.3	19800	334.9	65634	56993.5	4528	5921.5	3950	18982.0	226	815.9
2024年12月	1274631	35554.2	224705	7100.9	30958	855.0	1772615	30670.0	41009	3032.4	19552	509.4	70509	59829.4	4933	6306.4	3605	17253.6	92	359.1

资料来源：上海票据交易所。

附表四 2024年商业汇票业务数据（余额）

单位：笔、亿元

时间	承兑未结清余额						贴现未结清余额					
	银票		商票		财票		银票		商票		财票	
	笔数	金额	笔数	金额	笔数	金额	笔数	金额	笔数	金额	笔数	金额
2024年1月	17736056	153086.9	1906828	24342.9	343757	3567.6	4820125	113253.1	196390	10470.1	75228	1661.3
2024年2月	18321949	146882.0	1993774	24650.1	352322	3432.4	4584699	107790.3	198363	10813.7	77034	1634.9
2024年3月	18577655	148226.2	1913952	24156.9	348960	3326.3	4492917	108735.4	194763	10806.7	75876	1547.0
2024年4月	19608609	152185.2	1880968	23972.3	355279	3278.5	4872168	113990.7	192595	10878.0	80172	1591.8
2024年5月	20297315	154362.5	1838151	23545.8	353891	3247.7	5163995	117294.0	190256	10925.4	82491	1614.5
2024年6月	20903637	152438.5	1769472	22468.9	342179	2979.7	5408686	116976.5	180930	10721.7	79520	1484.5
2024年7月	20192369	156846.4	1686314	21704.2	326975	2947.3	5232594	122777.0	174804	10473.7	72021	1495.0
2024年8月	21265976	162844.9	1617535	21790.5	335168	3070.9	5547272	128080.4	177517	10728.3	73036	1610.9
2024年9月	22410607	164897.5	1700755	21928.1	341968	3054.7	5810614	129707.8	183581	10612.2	73124	1580.4
2024年10月	22605798	165097.0	1708775	21944.9	336974	3034.4	5982521	130459.7	183180	10550.9	74370	1560.9
2024年11月	23556124	167243.5	1748858	22399.0	338936	3116.1	6379846	131649.6	188905	10888.2	771155	1612.4
2024年12月	24009003	170379.3	1822842	24075.6	339215	3270.6	6742154	135474.9	189163	11175.7	79734	1766.6

资料来源：上海票据交易所。

EPILOGUE | 后记

《2024中国票据市场发展报告》（以下简称《报告》）是上海票据交易所牵头编写的票据市场发展报告系列第八本。《报告》旨在全面反映2024年票据市场运行情况、发展动态与创新成果，展示市场在完善基础设施建设、优化创新产品服务、有效防控市场风险等方面的实践，并邀请票据市场各参与方分享自身在做好金融"五篇大文章"、高质量服务实体经济等方面的具体做法与实际成效，为广大票据市场参与者提供丰富的经验总结和实践参考。

《报告》分为八个部分，即票据市场总体运行情况、票据市场基础设施建设、票据市场做好金融"五篇大文章"、票据市场创新优化金融服务、票据市场赋能实体企业、票据市场风险防范控制以及附录2024年票据市场大事记和票据市场统计资料，由上海票据交易所和部分市场参与者分别负责撰写相关专题。参与写作的市场参与者涵盖国有商业银行、股份制商业银行、城市商业银行、农村金融机构、财务公司和供应链平台，市场覆盖面较广，以更好展现票据市场改革发展成效。

上海票据交易所董事长张翠微作为主编，组织策划了本书的总体思路和整体架构，并为本书作序。时文朝董事、沈伟副总裁、李中红副总裁、孔燕副总裁和余辉副总裁作为副主编对编写工作进行了具体指导。中国工商银行、中国农业银行、交通银行、中信银行、招商银行、上海浦东发展银行、中国民生银行、平安银行、兴业银行、浙商银行、江苏银行、南京银行、杭州银行、广州银行、宁波银行、日照银行、九江银行、珠海华润银行、桂林银行、常熟农商银行、海尔集团财务有限责任公司、广西交通投资集团财务有限责任公司、临沂商城数字科技集团有限公司23家金融机构和企业参与了编写。全书由上海票据交易所战略规划部统稿。中国金融出版社黄海清主任等为本书的编辑和出版做了大量细致的工作，付出了诸多努力。

由于本书编写工作时间紧迫，难免存在疏漏和不足之处，恳请业界和读者批评指正。

上海票据交易所

2025年3月